2014

〈初・中級編〉

春

論説体中国語読解練習帳

レベル1～5

三潴正道＝監修
西暢子・古屋順子・三潴正道・吉田祥子＝著

新聞・雑誌からインターネットまで

三大用途
新聞・雑誌・書籍から役立つ情報を！
インターネットから幅広い情報を！
学術資料から専門的情報を！

東方書店

JN262367

まえがき

　本書は、『論説体中国語読解力養成講座』の姉妹編です。

　毎年実施されている論説体中国語読解力養成レベル式講座の出題から問題を精選し、解答・解説を施したもので、最新のニュースを満載した問題集として時事用語の修得にも役立ちます。

　今後、毎年２回に分けて初・中級編、中・上級編を刊行する予定です。それぞれの実力に応じて効率よくご使用いただければ幸いです。

出版の経緯

　2010年５月に東方書店から『論説体中国語読解力養成講座』を出版いたしましたところ、大方の御支持をいただき、多方面でご利用いただきました。あつく御礼申し上げます。

　論説体（現代白話書面語）は、そのスタートが会話体を用いた書き言葉の普及であったため、それを独立した文体として研究対象とするのは一見相矛盾した行為になり、それが故に、過去、学会においても正面から取り上げられたことはありませんでした。

　その間、半世紀以上が過ぎ、現代書き言葉は、文語の要素を取り入れ、リズムを重んじる傾向も顕著になり、会話体とは異なる様々な特徴を備えてきました。また、リズムを重んじるが故の偶数音節化と書き言葉であるが故の一音節化も生じ、会話体と同じ文体として扱い、同じ文法構造で論じることには無理が生じてきました。

　こういった状況から、教室で講義する教師でさえ、会話体と論説体の違いを、語用論、文法論からきちんと分けて説明できる人が少なく、論説体作文ともなると、教師本人が会話体と書き分けられないといった現象さえ生じています。したがって、大学で中国語を専攻した学生でさえろくに論説体の文が書けない者がほとんどで、この状況は何としても打開しなくてはなりません。

　なお、中国でも近年この点での反省が始まり、現代白話書面語に関する研究書も出版されるようになりました。これが契機となり、幅広く論説体の教育メソッドの開発が進むことを祈ります。

2014年春　三潴正道

目次

まえがき………03

本書とレベル式とレベル式トレーニングのルールについて………06

問題編

Level 1　基礎問題………12
　　　　練習問題………14
　　　　実力問題………16
Level 2　基礎問題………20
　　　　練習問題………22
　　　　実力問題………24
Level 3　基礎問題………28
　　　　練習問題………30
　　　　実力問題………34
Level 4　基礎問題………38
　　　　練習問題………40
　　　　実力問題………42
Level 5　基礎問題………46
　　　　練習問題………48
　　　　実力問題………52

解説編

重要項目解説………56
　　1. 主述述語文
　　2. 存現文
　　3. 同一疑問詞が呼応する文
　　4. ["有"＋名詞＋動詞性修飾語]、["无"／"没"型]
　　5. [A（主語）＋B（介詞構造）＋"的"＋名詞]
　　6. [是～的]
　　7. [～是一个…]型
　　8. [要～必须…]型
　　9. "把"（"将"）構文
　　10. [作为～V]
　　11. [与～相V]、[和～相V]
　　12. [不～而…]

13. ［以～为…］
14. ［V₁ 并（和／或者／、）V₂ + O］
15. ［形容詞＋"于"］は比較級
16. ［"所" V（"的"＋名詞）］の用法
17. 結果補語
18. 可能補語
19. 様態補語
20. 程度補語
21. 条件を受ける"就"（"便"）と、予想より早い気持ちを示す"就"（"便"）
22. 使役文
23. 受身文

語彙集………58
　【固有名詞】●国名・地名　●人名　●その他名称
　【普通名詞】
　【構文】
　【連詞・介詞・フレーズなど】
　【補語】●結果補語　●様態補語　●可能補語と可能補語型の慣用句　●方向補語
　【常用四字句】

解答例とワンポイント解説………64

コラム目次

　　　　［時事］信用システム………12
　　　　［文法］"看"と"见"………16
　　　　［時事］大気汚染問題………18
　　　　［文法］"与""和""跟""同"………21
　　　　［時事］環境破壊問題………24
　　　　［文法］"需求""供应""供求"………30
　　　　［文法］"技術創新"………32
　　　　［時事］模範人物………48
　　　　［文法］"导致""造成"と"后果"………50
　　　　［時事］財テク流行り………53

本文写真：三潴正道

本書とレベル式とレベル式トレーニングのルールについて

　まえがきにも書きましたように、本書は毎年2回実施されているレベル式講座の問題のうち、2012年9月～2013年8月出題のレベル1～5の問題文をベースに編まれたものです。論説体とは一体どんなものか、レベルシステムとはどんなものかについては『論説体中国語読解力養成講座』(東方書店)に詳しく書いてありますが、未読の方のためにそれを部分的に引用して若干の説明を加え、大方の御理解に供したいと思います。

　一口に現代中国語といっても、「話し言葉」と「書き言葉」ではかなりの違いがあります。「書き言葉」は「書面語」という言葉で括られることもあり、また、現代中国語の範疇に入らない歴史的な中国語については、「文語」「古典語」と称されたり、さらに細かい分類もされます。

　「書き言葉」もその中身は多様で、新聞・雑誌や学術論文に使われる「論説体」、時には「新聞体」「時事中国語」(古くは「時事文」)とも俗称される文体がその代表的存在ですが、もっと専門的なジャンル、例えば法律や公文書の文体、商業通信文、そして書簡文なども包含されています。

　小説など文学作品となると、その中には会話も含まれますし、作家によっても文体は様々で、「書き言葉」という範疇で括るのには無理があります。かといって話し言葉とイコールとも言えません。さらに、演説などの口調となると、まさにヌエ的存在とも言えましょう。

　本書で扱っているのは「論説体」です。新聞・雑誌や学術論文、そして現代では何よりインターネットで中国語による情報を獲得するのに欠かせません。学生・研究者に限らず、中国ビジネスに携る人たち、マスコミ関係者など、中国に関わりを持つ人たち全てにとって、「論説体」をマスターし資料を読みこなせる能力を培うことが現代では必要不可欠になっています。

　ただ、その「論説体」も厳然とした仕分けがあるわけではありません。中国を代表する新聞『人民日報』の文体を見ると、文法・語彙の面で「話し言葉」と相当部分が重なります。現代中国語の「書き言葉」が口頭語を基礎に置いた「白話文」だからそれも当然ですが、一方で「文語」と重なる要素も、台湾の新聞ほどではないにせよ、多分に含まれています。

　「重なる」その重なり方もまた、細部を検討すると一様ではありません。ある語彙が「話し言葉」と「書き言葉」のどっちに多用されるか、その割合がどれくらいかはまちまちで、どこまでを「論説体」の範疇に組み込むかの見分けは簡単ではありません。加えて、中国語は修辞的な要請が極めて重視され、繰り返しを嫌ったり、リズムを尊ぶ傾向が顕著で、多くの場合、「話し言葉」と「書き言葉」の区別に優先し、時には文法的なルールまでも侵食します。

こういった点を踏まえ、筆者は、過去30年近くに渡って試みてきた実践とそこで考案した通称「レベル」という教育システムをベースに、2010年、東方書店から「論説体」読解力養成のための自学自習書『論説体中国語読解力養成講座』を出版しました。それと平行して、大学のみならず、社会人や高校生向けに添削講座を開講し、教育実践にも取り組んできましたが、その経験から判明したことは、従来から行っていたレベル30突破を目指す本格的な「論説体中国語読解力養成講座」は、やっとピンインを覚えたばかりの初心者には荷が重すぎる、ということでした。特に高校生の場合は相当丁寧に解説しないと、取りつくしまがない状況に陥ります。

　そこで、2013年から、まず高校生向けに試験的な初級者向けコースを実施、その成果をベースに、2014年4月から「入門者コース」をスタートさせました。

　まず読めるようになりたい、インターネットで情報が取れるようになりたい、という方、会話と平行して初級段階から読めるようになりたい方には、学生・社会人を問わずお勧めですが、これを補強するのが本書で、レベル1～5の問題を精選、解答解説に語注やワンポイントの説明、さらに文型索引や語彙集も付し、学習者の便宜を図りました。

レベルシステムとは？

　かなりの人が持っている誤解があります。「中国語の発音や会話もできないのに読解力が身につくはずがない」というものです。

　これについて、本書のベースになっている「レベルシステム」の成果はその誤りを真っ向から否定しています。発音や会話力と論説体読解力の向上には顕著な関連性もなければ、学習上のあるべきプライオリティもありません。実践で証明されたことは、中国語の基礎を勉強した後、真面目に取り組めば急速に新聞を読めるようになってしまう、ということです。

　「レベルシステム」の特徴は、材料がセンテンス単位になっていることです。それによってレベル設定が容易になります。自分がどれくらい力をつけたか自覚しにくく、それゆえ根気が続かないことが多い読解力養成で、上達を一歩一歩自覚できることが、学習者のモチベーションを維持し、継続学習を可能にしました。

進歩の度合いを確認するための工夫

　レベルシステムは、レベルを設定し、一定の成果を挙げたら次のレベルに進める、という達成感でモチベーションを持続させるために開発されたシステムです。

　このシステムは、文の長さによってレベルを5段階に分け、さらに同一の長さでも文構造の難易度によって2段階に分け、以下のような10段階をセッティングしてあります。本書はそのうちのレベル1～5を対象にしたものです。

ちなみに、人民日報の文の長さを字数によって調べると、基本的な長さは80文字前後までで、一般記事の歯切れのよい文章はおおむね20～60文字程度であることがわかります。

レベル1……1センテンス20文字前後。構文が比較的易しい。
レベル2……1センテンス20文字前後。構文が比較的難しい。
レベル3……1センテンス40文字前後。構文が比較的易しい。
レベル4……1センテンス40文字前後。構文が比較的難しい。
レベル5……1センテンス60文字前後。構文が比較的易しい。
レベル6……1センテンス60文字前後。構文が比較的難しい。
レベル7……1センテンス80文字前後。構文が比較的易しい。
レベル8……1センテンス80文字前後。構文が比較的難しい。
レベル9……1センテンス100文字前後。構文が比較的易しい。
レベル10……1センテンス100文字前後。構文が比較的難しい。

　レベル4は初級から中級への関門です。中級から上級の関門はレベル8になります。
　レベル11（右のルール参照）以上は職業上必要とする人がチャレンジすべき段階です。
　中国の様々な分野を研究する大学院生でしたら、レベル10を突破していないと原書やインターネットを駆使した研究はできない、と言ってよいでしょう。中国ビジネスで活躍する人材になるにも同様のレベルが要求されます。

参考
レベル添削システムの運営規則
　本書は論説体初級・中級自習用テキストですが、本格的なレベルシステムによる添削は、以下のような規則で運営されています。

[1] 本格コースのルール

1) 1クールの回数
　　15回が1クールで、年2回開講されます。1回の各レベルの問題数は、レベル1と2は各4題、レベル3と4は各3題、レベル5以上は各2題で計26題です。
2) 時間配分とその他のルール
　①第1回は全員レベル1からスタートします。制限時間は1時間です。
　②各レベル10点満点で、8.0点以上だと次のレベルへ進めます。
　③1つのレベルをやり終わり、時間のある人は、次のレベルにもチャレンジ。うまくいけば、1回で何ランクもアップできます。
　④レベル10を突破すると、また、レベル1へ戻ります。その際、合格ラインは9.0

点以上になり、便宜的にこのレベルをレベル11〜20と呼びます。レベル20を突破すると、またレベル1へ戻ります。その際、合格ラインは9.5点以上になり、便宜的にこのレベルをレベル21〜30と呼びます。
⑤15回でレベル30を突破できなかった人は、次回また、レベル1からの挑戦になります。

3) 採点基準
- ‐0.1：簡体字の直し忘れ。軽微な漢字の書き違い。説明訳。
- ‐0.2：助詞の間違い（「が」と「は」の間違いなど）。単語訳の軽微なズレ。
- ‐0.3：単語の完全な意味の取り違い。単語の訳し忘れ。
- ‐0.4：同上がフレーズレベルで他に影響を与えている場合。
- ‐0.5：フレーズレベルでの構文の取り違い。動詞や介詞の係る範囲の間違いなど。
- ‐0.7：文全体の構文を取り違えているが、何とか大意はつかめる場合。
- ‐1.0：文全体の構文を取り違え、文意が伝わらない場合。
- ‐1.5：2つの構文が同一フレーズ内で絡み合った文で、両方の構文を読み違えている場合。
- ‐2.0：あるフレーズの訳が全く欠落している場合。

[2] 入門者コースのルール

採点基準は本格コースと同じです。
1) 1クールの回数
　10回提出して添削を受けると1クール終了となります。1回の各レベルの問題数は、レベル1と2は各4題、レベル3と4は各3題で計14題です。
2) 時間配分とその他のルール
①第1回は全員レベル1からスタートします。制限時間は1時間です。
②各レベル10点満点で、8.0点以上だと次のレベルへ進めます。この、8.0点以上で合格するレベル1〜4を「レベルB-1〜4」と呼びます。
③1つのレベルをやり終わり、時間のある人は、次のレベルにもチャレンジ。うまくいけば、1回で何ランクもアップできます。
④レベルB-4を突破すると、また、レベル1へ戻ります。その際、合格ラインは9.0点以上になり、この二巡目のレベル1〜4をレベル「A-1〜4」と呼びます。
⑤10回提出してレベルA-4を突破できなかった人は、次回また、レベルB-1からの挑戦になります。

　本格コースのレベル30突破者がさらにプロの翻訳者を目指して勉強を続けたい、という要望に沿って平成16年に発足したのが而立会です。レベル添削講座（本格コース、入門者

コース)や而立会に興味のある方はあとがきをご覧ください。

注意1：巻末の日本語訳は、学習者が文構造を理解しやすいように、滑らかさを追求しつつも、やむを得ない場合を除き意訳をなるべく避け、極力、原文の構造に忠実に訳しています。もっとこなれた訳をしたい、という方は、文構造をよく理解したうえで挑戦してみてください。

注意2：本書の問題文にはピンインが付記してなく、分かち書きもしてありません。不親切だ、と言う声もあるでしょうし、売れないのでは、と心配する向きもあります。しかし、ピンインを覚えないと辞書も引けませんし、分かち書きされた文ばかり見ていると、いつまでたっても、単語の認識さえできません。最初は大変でも、早いうちから分かち書きされていない文に慣れ、自分でピンインを調べて覚えるほうが、はるかに上達が早いのです。

凡例

重 本文中に下線を引いてある箇所は、巻末の「重要項目解説」を参照してください。語注にある**重**の番号が「重要項目」の番号に対応しています。

話 会話体で同じ意味を表す語句を示しています。

問題編

Level 1

Level 2

Level 3

Level 4

Level 5

Level  基礎問題

□□ 1. 印度的雨季到了。

□□ 2. 新疆是资源富集区。

□□ 3. 数据最有说服力。

□□ 4. 生活毕竟不是电视剧。

□□ 5. 他认真对待每一件事。

□□ 6. 现在的年轻人<u>是</u>幸福<u>的</u>。

□□ 7. 诚信是金融运行的生命。

□□ 8. 韩国政府大力扶持动漫产业。

□□ 9. 腐败是文明社会的毒瘤。

□□ 10. 每名村医每月收入约为 2947 元。

□□ 11. 朱健康是真正的寒门子弟。

❖ 語 注

1. 印度：インド
2. 新疆：新疆ウイグル自治区
3. 数据：データ
4. 毕竟：結局は
5. 对待：対処する
6. 重6
7. 运行：（職務・計画・命令などの）実行、遂行
8. 动漫产业：アニメ産業
9. 毒瘤：がん
10. 约：およそ　繁大约
    为 wéi：繁是（数量を示すときに多用される）
11. 寒门：貧しい家や身分の低い家柄

【問題7の話】信用システム

　中国が発展途上国から中進国のステップに入り、さらに先進諸国に追いつくためには、産業構造の転換と共に内需の振興が欠かせず、そのキーワードとして「市場化」による消費の喚起が推進されています。
　しかし、市場化を進めるには、国際ルールに則った経済・金融システムの確立、それを裏打ちする法体系や信用システムの整備が欠かせません。
　身近な例を挙げても、冷凍エビを買って帰ったらほとんど水で、エビは数匹だった、とか、工場ができてまだ数年の酒造業者が「30年モノ」を売っているなどの話は枚挙に暇がありません。

□□ 12. 城乡义务教育全部实现了免费。

□□ 13. 红色是英国国旗的颜色之一。

□□ 14. 近年来，预付卡消费迅速发展。

□□ 15. 承德的钒资源储备量占全国40%。

□□ 16. 医疗服务成本究竟是多少?

□□ 17. 中国已经成为世界第二大经济体。

□□ 18. 宁波港拥有330座生产性泊位。

□□ 19. 潍坊市是著名的世界风筝之都。

□□ 20. 我国公共就业服务体系仍不完善。

□□ 21. 我国东中部地区面积仅占全国的1/4。

□□ 22. 上海机器人产业规模已达60亿—70亿元。

□□ 23. 目前，全国农村留守儿童约有5800万人。

□□ 24. 过去，许多农村小学校没有音体美老师。

12. 城乡：都市と農村
    免费：無料にする
13. 颜色：色
14. 预付卡：プリペイドカード
15. 钒：バナジウム
    储备量：備蓄量
16. 成本：原価、コスト
    究竟：いったい、結局のところ
17. 成为～：～になる
    重17
18. 拥有：擁する
    座：自然や建造物など大型で動かない物を数える量詞
    生产性泊位：製造原料（非旅客）用バース
19. 风筝：凧
20. 就业：就職（中国語の"就职"は役職などへの「就任」）
    仍：依然として、いまなお（"仍然"と同じ）
    重1
22. 机器人：ロボット
    已：すでに 已经
23. 留守儿童：両親が長期不在の家の子ども
24. 音体美：音楽・体育・美術
    重2

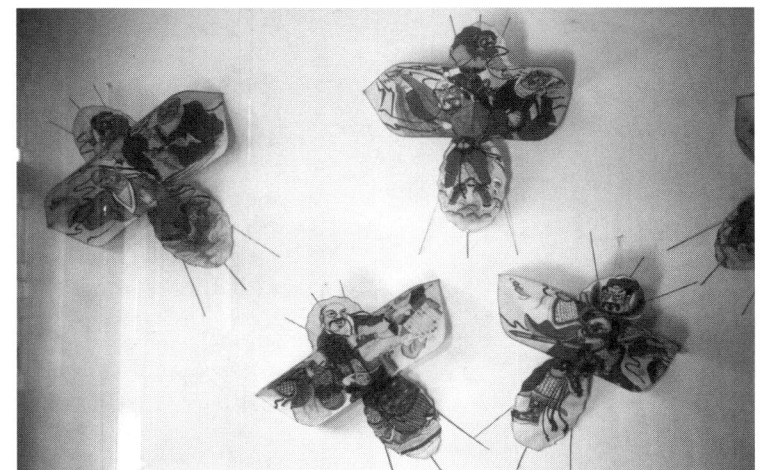

中国の伝統的な凧

Level  練習問題

☐☐ 25. 绍兴县靠纺织业起家。

☐☐ 26. 发展经济旨在改善民生。

☐☐ 27. 他们不断加强招商工作。

☐☐ 28. 这片森林没发生过一起火灾。

☐☐ 29. 国外两万人便有一个图书馆。

☐☐ 30. 面对难关，我们该如何应对？

☐☐ 31. 巴西黄金储备增幅尤为显著。

☐☐ 32. 世上没有两片完全相同的树叶。

☐☐ 33. 惠州是一座快速发展的工业城市。

☐☐ 34. 经济发展关系人们的生活水平。

☐☐ 35. 中国人的命运掌握在自己手里。

☐☐ 36. 大学就是奔向人生理想的加油站。

☐☐ 37. 文艺创作不可忽视农民工群体。

☐☐ 38. 村民们养成了不乱扔垃圾的习惯。

☐☐ 39. 成家立业是青年阶段的首要任务。

❖ 語 注

25. **起家**：家を興す、財を築く
26. **旨在~**：趣旨は~にある、~を旨とする
    民生：人民の生活
27. **招商**：企業を誘致する
28. **片**：一続きになっている広い面や空間を数える量詞
    起：事件や事故などの件数を数える量詞
    重2
29. **便**：もう　⇔就
    重21
30. **该~**：~するべき　⇔应该
    如何：どのように　⇔怎么样
31. **巴西**：ブラジル
    尤为：とりわけ
    重1
32. 重2
33. **惠州**：惠州市（広東省東南部の都市）
    重7
34. **关系~**：~にかかわる、影響する
35. **掌握在~**：~に握られている
36. **奔向~**：~を目指して突き進む
    加油站：ガソリンスタンド
37. **农民工**：農村からの出稼ぎ労働者
    群体：集団、層、群（共通点を持つ人や物の集まり）
38. **乱~**：（動詞の前に置き）むやみに~する、やたらに~する
39. **首要**：一番重要な

- □ □ 40. 男女比例失调影响我国人口发展。
- □ □ 41. 旅游渐已成为一种普遍的国民需求。
- □ □ 42. 泰国社会依然面临严重的社会分裂。
- □ □ 43. 庞大的老年群体，也是难得的资源。
- □ □ 44. 每个时代都有新的使命、新的理想。
- □ □ 45. 安徽历史悠久，戏曲资源较为丰富。
- □ □ 46. 天津是一个资源能源相对缺乏的城市。
- □ □ 47. 鞍山是东北地区最大的钢铁工业城市。
- □ □ 48. 每个"好人"，都是一盏引路的明灯。
- □ □ 49. 在古巴，居民大病住院费用全额免除。
- □ □ 50. 民族音乐是我们音乐创作最丰厚的土壤。
- □ □ 51. 大批实力诗人，构成当今诗坛中坚力量。
- □ □ 52. 国际贸易是世界经济增长的重要推动力量。
- □ □ 53. 目前中国年二氧化碳排放总量已超过 70 亿吨。
- □ □ 54. 模拟训练已经成为我军飞行训练重要组成部分。
- □ □ 55. 提高司法能力，是中国司法改革的重要目标。
- □ □ 56. 上世纪 80 年代，法国的艺术殿堂卢浮宫进行改造。

---

40. 比例：比率、割合
41. 渐：しだいに、徐々に **简** 渐渐
    需求：需要、ニーズ
    重17
42. 泰国：タイ
    严重：（好ましくないことの程度・影響が）重大な、深刻な
43. 老年群体：高齢者層
45. 安徽：（地名）安徽省
    戏曲：戯曲（中国の伝統的な演劇）
    较为：比較的、わりと
    重1
46. 能源：エネルギー
    重7
47. 鞍山：鞍山市（遼寧省中央部に位置する都市）
48. 盏：灯火を数える量詞
    引路：道案内する
49. 古巴：キューバ
    居民：住民
    大病：大病、高額な医療費のかかる特定疾病
50. 丰厚：豊かである
51. 大批：たくさんの（"批"は「ひとまとまり」を示す量詞）
    当今：このごろの、現在の
    力量：勢力、パワー
52. 经济增长：経済成長
53. 二氧化碳：二酸化炭素
    排放：（廃棄物を）排出する
    吨：トン（重量の単位）
54. 模拟训练：シミュレーショントレーニング
    重17
56. 法国：フランス
    卢浮宫：ルーブル美術館

Level 1 実力問題

☐☐ 57. 元旦将至，春节也很快就要到来。

☐☐ 58. 日本迄今并未正确认识二战历史。

☐☐ 59. 李雪英实现了姐姐没有达成的愿望。

☐☐ 60. 王进喜留下了许多感人至深的名言。

☐☐ 61. 发展仍是解决我国所有问题的关键。

☐☐ 62. 我国油菜籽种植广泛分布于长江流域。

☐☐ 63. 能源对外依存度过大会危及能源安全。

☐☐ 64. 律师的功能作用不仅限于参与诉讼活动。

☐☐ 65. 我国农村医生的水平要提高到一定程度。

☐☐ 66. 每年初冬，正是征兵工作火热开展时节。

☐☐ 67. 在中国，科幻文学还没找准自身的定位。

☐☐ 68. 一些年轻官兵见到未曾见过的惨烈场景。

文法 【問題68の話】"看"と"见"

　同じ「見る」でも、"看"と"见"では大違い。前者が「見ようとして見る」のに対し、後者は「目に入って来る」の「見る」。
　ですから"看到"が意識して見届けようとしているのに対し、"见到"は「目に飛び込んでくる」ニュアンスになります。
　ところで"看见"と言う言い方もありますね。上記の違いを理解した人はここで混乱します。「この2つが一緒に並んだらどっちの意味だろうか」と。実はこの"见"は全く別の用法で、動作の結果、感覚器官でキャッチしたことを示します。聴覚でキャッチすれば"听见"、嗅覚なら"闻见"となるのです。
　ついでに"只见"「ふと見ると」も覚えておきたい表現です。

☐☐ 69. 太阳能没有污染，取之不尽，用之不竭。

☐☐ 70. 娄底是欠发达地区，也是资源枯竭型城市。

☐☐ 71. 总体来讲，全国地下水质量状况不容乐观。

☐☐ 72. 文化产业是大众产业，不能过分强调特色。

☐☐ 73. 公共卫生服务体系面临着前所未有的挑战。

☐☐ 74. 埃及每年享有555亿立方米的尼罗河河水。

☐☐ 75. 书法作品的个性是自然而然地表露出来的。

☐☐ 76. 舟山港域适宜开发建港的深水岸段有54处。

☐☐ 77. 我国每年浪费的粮食足够5000万人吃一年。

☐☐ 78. 商河是一个农业县，急需加快城市化进程。

☐☐ 79. 李凤英患有严重便秘，打针吃药也不见好转。

☐☐ 80. 山西地处黄土高原，降雨量偏少，风沙较大。

☐☐ 81. 技术市场成为科技计划成果转化的重要渠道。

☐☐ 82. 农村要安定、想发展，关键还是人才的问题。

プロ・アマを問わず書家は大勢いる

Level 1 実力問題

☐☐ 83. 你走了，<u>留下泪眼汪汪的妻子和 4 岁的儿子</u>。

☐☐ 84. 一时的困难并不可怕，可怕的是放弃梦想。

☐☐ 85. 所谓"老板"，多指商店、工厂等的所有者。

☐☐ 86. <u>企业必须有一个良好的机制</u>，吸引一流人才。

☐☐ 87. 入冬以来，许多大城市的空气质量时好时坏。

☐☐ 88. 22 岁前，熊朝忠从未接触过正规的拳击训练。

☐☐ 89. 到 2015 年，<u>我国知识产权创造能力明显增强</u>。

☐☐ 90. 西宁市一年的餐厨垃圾处理费<u>就</u>要 1500 万元。

☐☐ 91. 北极地区未开发的油气资源占全球总量的 1/5。

☐☐ 92. 龙在十二生肖中位居第五，是唯一虚构的动物。

☐☐ 93. 目前，国内生产的天然气远不能满足市场需求。

☐☐ 94. 今年以来，警犬分队已经查获气枪铅弹 1196 发。

☐☐ 95. 企业生产成本的增加必然推动物价总水平的提高。

☐☐ 96. 互联网的出现极大地降低了人们获取知识的门槛。

◯時事 【問題 87 の話】大気汚染問題

　中国の大気汚染のひどさは日本でも知らない人はいません。日本にも飛んでくるのですから当然です。
　中国では、黄河流域でも長江流域でも、高速道路を行くと数キロ毎に火力発電所の煙突が目に入ります。中国の発電は 7 割が火力発電。排ガス脱硫装置を付けてはいるのですが、きちんと稼働しているかは曖昧です。
　最近ではクリーンエネルギーということで原子力発電に力を入れていますが、中国も各地に活断層があり、内陸部の建設計画はしばし棚上げ状態。風力発電やソーラー発電も、安定供給・送電ネット・価格といった問題がネックになっています。

❖ 語 注

57. 将~：間もなく~しようとする（論説体専用）
    至：やってくる　🈯到
58. 迄今：今までずっと
    并未~：決して~していない、少しも~したことがない
    二战：第二次世界大戦
59. 李雪英：（人名）ロンドン五輪女子重量挙げの金メダリスト
60. 王进喜：（人名）中国で最初の石油ボーリングに携わり、大慶油田の鉄人と称された国民的英雄
    留下：残す（"下"は動作の結果が残ることを示す。日本語の「~しておく」）
    🈯17
61. 所有：（その範囲内で）すべての、あらゆる
    关键：（比喩的に）かぎ、キーポイント
62. 油菜籽：ナタネ（アブラナの種）
    种植：栽培
    分布于~：~に分布する
63. 会~：~するはずだ、~するだろう
    危及~：~に危害がおよぶ、脅かす
64. 律师：弁護士
    不仅~：単に~だけではない、~にとどまらない
    限于~：~に限られる
65. 水平：レベル、水準
    🈯17
66. 正是~：まさに~だ
    火热：熱烈に、盛んに
67. 科幻：SF（空想科学）
    找准：正確に見つける
    定位：位置づけ
    🈯17
68. 官兵：士官と兵士
    见到：目にする、目撃する
    未曾~：いまだかつて~していない、まだ~したことがない
    🈯17

69. 太阳能：太陽エネルギー
70. 娄底：婁底市（湖南省の中央に位置する都市）
    欠发达地区：後進地域、低開発地域
71. 质量：質、品質
    不容~：~を許さない、させない
72. 不能~：~してはいけない（この場合は禁止を表す）
    过分~：~しすぎる
73. 前所未有：これまでにない
    挑战：試練
74. 埃及：エジプト
    享有：（権利・能力などを）有している、享受している
    立方米：立方メートル（体積の単位）
    尼罗河：ナイル川
75. 书法：書道
    表露出来：現われてくる（"出来"は方向補語）
    🈯6
76. 岸段：海岸線（"段"は長いものの一区切りを示す）
77. 足够~：~に足りている、十分である
78. 商河：山東省済南市に位置する県
    进程：プロセス、あゆみ
    🈯7
79. 李凤英：（人名）
    患有~：~を患っている
    好转：良い方向に変わる、好転する
    🈯17
80. 山西：山西省
    地处~：~に位置する
    偏少：少なすぎる
    较：相対評価を示す言い方（無理に「比較的」と訳さなくてもよい）
    🈯1
81. 渠道：道筋、ルート
    🈯17
82. 要~：~しようとするならば
    人才：人材

83. 走：（婉曲語）人が亡くなる（"走了"で「逝ってしまった」）
    🈯17
84. 并不~：大して~でない、あまり~でない
85. 所谓：いわゆる
86. 机制：仕組み、メカニズム
    吸引：引きつける、誘い込む
87. 时~时…：~したり…したりする
88. 熊朝忠：（人名）男子プロボクサーで中国人初の世界王者となった
    从未~：いまだかつて~したことがない
    拳击：ボクシング
89. 知识产权：知的財産権
    🈯1
90. 餐厨垃圾：生ゴミ
    🈯21
91. 油气：石油と天然ガス
92. 十二生肖：十二支（"生肖"は「干支」）
    位居：位置する
93. 天然气：天然ガス
    远不能~：遙かに~できない
94. 警犬：警察犬
    查获：取り調べて押収する
    气枪：空気銃、エアライフル
95. 提高：上昇（この場合は名詞）
96. 互联网：インターネット
    极大地~：極めて~する
    降低：下がる、下げる（この場合は他動詞）
    门槛：敷居

Level 2 基礎問題

- □□ 1. 制度重于技术。
- □□ 2. 青春总是与理想相伴。
- □□ 3. 岁月如水，沧海桑田。
- □□ 4. 你不理财，财不理你。
- □□ 5. 任何创新都源于思考。
- □□ 6. 政府目标和任务愈来愈多。
- □□ 7. 中国的崛起谁也无法遏制。
- □□ 8. 农民缺什么，干部学什么。
- □□ 9. 诚信大于天，责任比金贵。
- □□ 10. 如何把食品安全问题管好？
- □□ 11. 你在古典诗词里读到了什么？

❖ 語注
1. 重 15
2. 总是：いつも
   与～相伴：～を伴う
   重 11
4. 不理：取り合わない、相手にしない（"理财"には「財テク」という意味もある）
5. 任何～都…：いかなる～もすべて…だ
   创新：革新
   源于～：～を起源とする、～から生まれる
6. 愈来愈：ますます、いよいよ
   简 越来越
7. 崛起：台頭
   无法～：～するすべがない、～できない
   遏制：抑制する
8. 重 3
9. 重 15
10. 如何：どのように
    管好：きちんと管理する
    重 9、17
11. 诗：一定の格式に則った詩の文体
    词：決められた旋律に歌詞を填め込んだもの
    读到：読み取る
    重 17

この食品は安全？

- □ □ 12. 社会保险与商业保险不一样。
- □ □ 13. 思想活跃，从畅所欲言开始。
- □ □ 14. 哪里有改革哪里就有新气象。
- □ □ 15. 象棋深植于中国传统文化之中。
- □ □ 16. 国家救灾资金以民政部门为主。
- □ □ 17. 劳动力供不应求，工资涨得快。
- □ □ 18. 如何让每分钱花得合理有价值？
- □ □ 19. 春天由谁播种，秋天由谁去收。
- □ □ 20. 巴西作为"足球王国"名不虚传。
- □ □ 21. 怎样让残疾人过上有尊严的生活？
- □ □ 22. 人世间万物一切都来自自然给予。
- □ □ 23. 有机大米与转基因大米有何不同？
- □ □ 24. 我国约有1.2亿人携带乙肝病毒。

12. 与~不一样：~とは違う
14. 气象：情景、状況
   重3、21
15. 深植于~：~に深く根差す
16. 民政部门：社会福祉や生活保障等、人民の生活に関する行政部門
   重13
17. 涨：（値段や給料が）上がる
   重19
18. 分：貨幣の最小単位（1元の100分の1）
   花钱：お金を使う
   重22、19
19. 由~：~によって、~が。動作の責任の所在を示す
   去：("去"+動詞の形で）自らすすんでその動作に取りかかる意味を示す
   重3
20. 重10
21. 残疾人：障碍者
   过生活：生活を送る
   过上：この"上"は目的・標準に到達する意味を示す補語
   重22、17
22. 人世间：この世
   来自~：~から来る
   给予 jǐyǔ：与える
23. 转基因：遺伝子組み換え
   有何：どんな 口有什么
24. 乙肝病毒：B型肝炎ウイルス
   重4

文法 【問題12の話】"与""和""跟""同"

"与"は要注意の単語です。"A 与 B"が「A と B は」とも「A は B と」とも訳せるからです。前者の"与"は"連詞"「接続詞」、後者は"介詞"「前置詞」の用法です。

このことは"和"にも言えます。"与"と"和"の違いは、前者が論説体であるのに対し、後者はどちらにも使えることです。

なお、否定文になると、"A 与 B 不~""A 不与 B ~"となって、前者の"与"が"連詞"、後者は"介詞"、と一目瞭然で区別がつきます。ついでに"跟"と"同"はどちらもほぼ介詞に使われますが（"A 跟 B"、"A 同 B"「A は B と」）、前者は会話体専用、後者は論説体専用です。

Level 2 練習問題

☐☐ 25. 人人都想学艺术并不是什么坏事。

☐☐ 26. 经济越发展，越需要和平的环境。

☐☐ 27. <u>高油价</u>对<u>消费者的压力</u>不言而喻。

☐☐ 28. 灾民沿街乞讨是为了能够活下去。

☐☐ 29. 从上海出发到山东站，到处都是人。

☐☐ 30. 没有金融创新，科技创新寸步难行。

☐☐ 31. 日照市努力<u>让</u>文化在基层生根发芽。

☐☐ 32. 中国的黄酒<u>要</u>发展，<u>就</u>必须要创新。

☐☐ 33. 证人出庭对提高庭审质量至关重要。

☐☐ 34. <u>中国在欧盟国家的留学人数</u>23万多。

☐☐ 35. 2.3亿流动人口从哪里来，到哪里去？

☐☐ 36. 如果<u>没有质量做支撑</u>，营销就是行骗。

☐☐ 37. 越来越多的中国企业赴越南拓展市场。

☐☐ 38. 道德的批判需要同时考虑批判的道德。

☐☐ 39. 中国<u>高度重视并积极参与中日韩合作</u>。

❖ 語注

- 25. **不是什么坏事**：なんら悪いことではない
- 26. **越〜，越…**：〜すればするほど…する
  需要〜：〜を必要とする
  和平：平和
- 27. **油价**：石油価格
  重5
- 28. **能够〜**：〜できる
  活下去：生きていく（"下去"は動作をやめずに続けていくことを示す補語）
- 29. **到处**：至るところ、どこもかしこも
- 30. **科技创新**：イノベーション
- 31. **基层**：末端
  重22
- 32. **黄酒**：醸造酒の総称
  重8、21
- 33. **出庭**：出廷する
  庭审：法廷審理
  至关重要：極めて重要である
- 34. **欧盟国家**：EU諸国
  重5
- 36. **支撑**：支える、サポートする
  营销：マーケティング、販売
  行骗：詐欺を働く
  重4
- 37. **越南**：ベトナム
- 39. **并**：そして、かつ 圕并且
  重14

- □ □ 40. 很多人并不知道什么样的生活才是美。
- □ □ 41. 中国电影要从量的发展变成质的提升。
- □ □ 42. 金融从根本上讲是服务于实体经济的。
- □ □ 43. 公共文化设施不仅要建好，更要用好。
- □ □ 44. 产业的发展需要以厚重的文化为基础。
- □ □ 45. 自来水水质的信息公开显然还差得很远。
- □ □ 46. 拘留所对患病的被拘留人应当及时治疗。
- □ □ 47. 中国对世界经济的贡献率已提高到20%。
- □ □ 48. 昨夜大雪忽至，路边很多树都被压折了。
- □ □ 49. 看病难、看病贵的问题得到了大的缓解。
- □ □ 50. 山头要有树，山脚要有路，农民才会富。
- □ □ 51. 为什么现在的大学生不再对围棋感兴趣？
- □ □ 52. 陕西被确定为全国高速公路交通枢纽省份。
- □ □ 53. 一个城市的名字往往是和它的历史相连的。
- □ □ 54. 我们工作站的工作人员由政府统一发工资。
- □ □ 55. 持续盈利，是企业对自身负责的经济责任。
- □ □ 56. 保护好人们赖以生存的饮用水源刻不容缓。

---

40. ~才是…：～こそ…である
41. 变成~：～に変わる
42. 服务于~：～に奉仕する
    重6
43. 不仅~，更…：～するだけでなく、…する
    建好：しっかりと建てる
    重17
44. 重13
45. 自来水：水道、水道水
    信息公开：情報公開
    差：隔たりがある
    重20
46. 及时：すみやかに、すぐに
47. 重5、17
48. 忽至：急にやって来る
    重23
49. 看病：医者が患者を診察する意味でも、患者が医者を受診する意味でも使う
    得到缓解：緩和される
    重23
50. 要~才会…：～してこそ…だ
    重2
51. 不再~：もう二度と～しない
    对~感兴趣：～に興味を持つ
52. 陕西：陕西省（せんせいしょう）
    确定为~：～に確定した
    枢纽：中心、要衝
    重23、17
53. 重6、11
54. 工作站：仕事場、オフィス
    发工资：給与を支給する
55. 盈利：利益を上げる
56. 赖以~：～するための拠りどころとする
    重17

Level 2 実力問題

- ☐☐ 57. 中国人历来<u>就</u>对家庭<u>具有</u>深厚的爱和眷恋。
- ☐☐ 58. 陆军正在由区域防卫型向全域机动型转变。
- ☐☐ 59. 无锡市<u>把</u>打造"魅力无锡"作为不懈追求。
- ☐☐ 60. 任何一个公共媒体，都应该坚守媒体底线。
- ☐☐ 61. 随着天气越来越热，肉馅的保质期越来越短。
- ☐☐ 62. 德国愿意为伊朗和平利用核能提供技术支持。
- ☐☐ 63. 一个政府网站，<u>空白了两年</u>，<u>没人理没人管</u>。
- ☐☐ 64. 金字塔顶的高低，<u>是</u>由塔基的大小来决定<u>的</u>。
- ☐☐ 65. 写小说的人应该<u>生活在</u>比较偏远安静的地方。
- ☐☐ 66. 美中之间的不信任程度是在上升而不是下降。
- ☐☐ 67. 当前国际上对海外高端人才的竞争日趋激烈。
- ☐☐ 68. 北京王府井商业街，<u>被</u><u>称为</u>"中国第一街"。

時事 【問題79の話】環境破壊問題

　急速な経済発展の一方で、自然破壊が急速に進み、生態環境の破壊が多くの生物を絶滅の危機に追い込んでいます。
　90年代には、急増する人口に対する食糧難に怯えた政府が食糧増産を奨励、増産そのものには成功したものの、灌漑のせいで1997年に黄河の下流域が年間3分の2も干上がってしまう、という非常事態になりました。私も黄河を「跨いで」きました。
　最近では、大量の汚水の流入と海岸線の開発、小魚も根こそぎとる荒っぽい漁法で沿海の魚が姿を消し、尖閣列島付近の海域や南シナ海を確保しないと漁民が暮らせない、という非常事態に、政府もなりふり構わず領海確保にのり出しています。

☐☐ 69. 保险消费者是保险业赖以生存和发展的根基。

☐☐ 70. 中国的消费市场能为东盟经济发展提供动力。

☐☐ 71. 重庆一位面馆老板向环卫工免费提供早午餐。

☐☐ 72. 现在他每个月工资3200元，跟在广东差不多。

☐☐ 73.《著作权法》修改草案将停止向公众征求意见。

☐☐ 74. 作为一种不正之风，乱收费现象让人深恶痛绝。

☐☐ 75. 做慈善不在于金钱上捐多捐少，而是一份心意。

☐☐ 76. 教育是培养人的事业，不改不行，乱改也不行。

☐☐ 77. 时下，全国各地举办的马拉松赛事数以几十计。

☐☐ 78. 北汽集团运行在北京的新能源汽车已有5000辆。

☐☐ 79. 长江沿岸一些地方发生江豚死亡事件，令人心痛。

☐☐ 80. 地方戏仍然需要从国家到地方的政策引导和支持。

☐☐ 81. 古往今来，为了粉饰自己的造假行为，不胜枚举。

☐☐ 82. 我们可以通过旅游来实现和平、友爱，减少冲突。

生きる道を模索中の地方劇

Level 2 実力問題

☐☐ 83. 离厦门不远，有一个绿树掩映的海岛——东山岛。

☐☐ 84. 这个冬季的严寒，比记忆中任何一年都来得突然。

☐☐ 85. 毕竟环卫工作又脏又累，而且也让有的人看不起。

☐☐ 86. 在美国新军事战略中，印度被定位为"战略伙伴"。

☐☐ 87. 1912年5月，鲁迅从绍兴来到北京，赴教育部任职。

☐☐ 88. 公共资源类产品具有公益性，不能等同于一般商品。

☐☐ 89. 梅尼埃病病人的饮食以富有营养和新鲜清淡为原则。

☐☐ 90. 教书是教师的基本职责，只有教好书，才能育好人。

☐☐ 91. 总的看来，我国出口增速仍明显快于全球平均增速。

☐☐ 92. 我从来不认为我比别人聪明，也不认为比别人运气好。

☐☐ 93. 国内小排量车技术与欧洲、日本等相比存在较大差距。

☐☐ 94. 他们每周四都要加班到晚上9点，有时连饭都顾不上吃。

☐☐ 95. 自10月21日夜间开始，吉林省出现大范围雨夹雪天气。

☐☐ 96. 石家庄在全国再生资源回收利用体系建设方面走在前列。

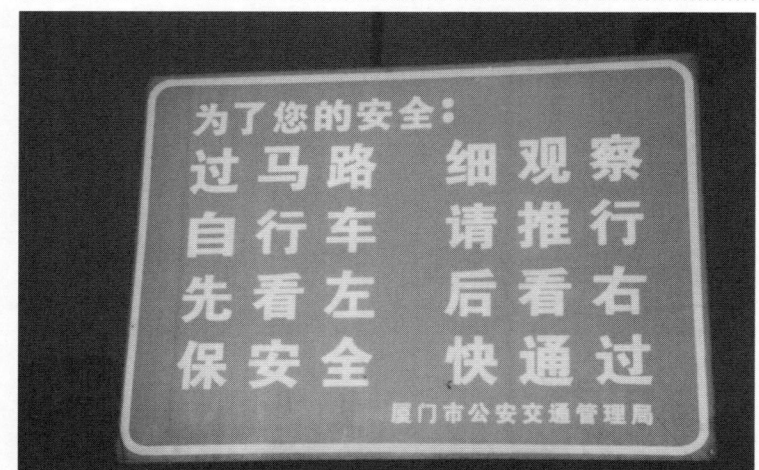

アモイで見つけた交通安全の標語

❖ 語 注

57. 历来：これまで、かねてより
 具有～：～を具えている
 眷恋：愛着
 重21、17
58. 正在～：ちょうど～しつつある
 由～向…：～から…へ
59. 作为：～とする（動詞）
 不懈：怠らない、たゆまない
 重9
60. 媒体：メディア
 底线：ボトムライン
61. 随着～：～につれて
 肉馅：（豚まんなどの）ひき肉のあん
 保质期：品質保証期限
62. 德国：ドイツ
 为～提供…：～のために…を提供する
 伊朗：イラン
 核能：原子力エネルギー
 支持：支援、サポート
63. 网站：ウェブサイト
 两年：2、3年（この"两"は10以内の小さな概数を示す）
 重4
64. 金字塔：ピラミッド
 顶：てっぺん
 高低：高さ
 由～来决定：～で決まる
 大小：大きさ（cf."长短"：長さ）
 重6
65. 生活在～：～に生活する、暮らす
 偏远：辺鄙な
 重17
66. 是～而不是…：～であり…でない
 在～：～しつつある
67. 当前：当面の、現在の
 高端：ランクが高い、ハイエンドの
 日趋：日増しに
68. 王府井：北京中心部東城区にある繁華街の名称
 被称为～：～と呼ばれている
 重23、17

69. 根基：基盤、土台
70. 东盟：ASEAN（アセアン）
 动力：原動力
71. 重庆：重慶市。長江上流の都市。1997年より直轄市に昇格
 面馆：麺類専門の料理店
 向～：（物事や人）に対して
 给、対
 环卫工：清掃作業員、ゴミ収集作業員
72. 跟～差不多：～とあまり差がない、似たり寄ったりだ
73. 向公众征求意见：パブリックコメントを募集する
74. 不正之风：不正の気風、良くない風潮
 乱收费：不当な費用徴収
 重10、23
75. 在于～：（本質や目的が）～にある
 捐：寄付する
 份："心意"にかかる量詞
 重12、17
76. 培养：育成する
77. 时下：目下
 马拉松赛事：マラソン大会
 数以～计：～で計る、～に上る（この"计"は「計算する」）
78. 北汽集团：北京自動車グループ（中国の自動車メーカー）
 新能源汽车：新エネルギー車
 已有～：すでに～になる
79. 江豚：長江イルカ（長江に生息する固有種のイルカ）
 重2、22
80. 引导：指導
81. 造假：捏造する
82. 通过～来…：～を通じて…する、～によって…する
 冲突：衝突、対立、紛争

83. 厦门：アモイ（福建省南西部の経済特別区）
 掩映：映える、引きたてる
 东山岛：東山島（福建省の南端にある島）
84. 重19
85. 环卫：環境衛生（主に清掃、ゴミ収集などを指す）
 又～又…：～でありかつ…である
 看不起：軽蔑する、見下す
 重23、18
86. 战略伙伴：戦略的パートナー
 重23、17
87. 绍兴：紹興（浙江省北部にある地名）
 赴～任职：～に務める
88. 等同于～：～と同一視する
 重17
89. 梅尼埃病：メニエール病
 富有～：～に富んでいる
 清淡：（食べ物が）あっさりしている、脂っこくない
 重13
90. 教书：（教師として）学問を教える
 只有～，才能…：～してこそ…できる、…するには～でないとだめだ
 教好书："教书"「（学生に）教える」に結果補語"好"が入った形
 育好人："育人"「人を育てる」に結果補語"好"が入った形
 重17
91. 总的看来：総体的に見れば
 增速：成長の速さ、成長率
 重15
92. 从来：今まで、これまで（否定文に多く用いる）
93. 小排量车：小排気量車
 重11、2
94. 周四：木曜日
 加班：残業する
 连～都…：～さえも…だ
 顾不上～：～する暇がない、かまっていられない
 重18
95. 雨夹雪：みぞれ
 重2
96. 石家庄：石家荘市（河北省の省都）

Level 3 基礎問題

☐☐ 1. 戏曲是口传身授的传统艺术，年轻戏曲演员的成长<u>离不开</u>师傅指点。

☐☐ 2. 体坛巨星的长成，不可能一帆风顺，苦难、挫折、磨砺<u>是</u>必不可少<u>的</u>。

☐☐ 3. 可以预计，未来我国海洋权益的斗争形势会更加复杂、任务会更加艰巨。

☐☐ 4. 衡量一个国家的先进与落后，有多种指标，其中一个就是公共文化服务。

☐☐ 5. 中国棋界元老陈祖德因患胰腺癌医治无效，1日晚8时45分在北京逝世。

☐☐ 6. 日本一家公司近日开始出售一种迷你胶囊版救生舱，<u>被称为</u>"诺亚方舟"。

☐☐ 7. 今年国家财政性教育投入将比去年增加5800余亿元，且优先保障职业教育。

☐☐ 8. 目前，我国尚无专门的反家庭暴力法，相关法律规定散见于诸多法律法规中。

☐☐ 9. 一些社会组织或个人为了一己私利，打着慈善、公益的旗号，谋取不当利益。

☐☐ 10. 谈及房地产市场调控时，姜伟新表示，房地产市场调控政策目前还不想放松。

語注

1. **离不开**：離れられない
   重18
2. **长成** zhǎngchéng：成長する
   重6
3. **未来**：今後の、これからの
   更加：よりいっそう
4. **衡量A与B**：AかBか推し量る
   就是：ほかでもない（強い肯定）
   公共文化服务：公的文化事業
5. **棋**：囲碁、将棋
   陈祖德：（人名）。中国囲碁界の第一人者
   因~：～のために、～によって
   ⇔因为
   胰腺癌：膵臓がん
6. **家**：企業、商店、家庭などを数える量詞
   近日：近ごろ（未来・過去の両方に使える）
   迷你胶囊：小型カプセル（"迷你"は「ミニ」の音訳）
   救生舱：救命ボート
   诺亚方舟：ノアの方舟（この場合は商品名「ノア」を指している）
   重23、17
7. **投入**：投資
   且：そのうえ、さらに ⇔而且
8. **目前**：目下、現在
   尚无~：まだ～がない ⇔还没有
   反家庭暴力法：反DV法
   散见于~：～に散見される
9. **社会组织**：民間組織
   打旗号：旗印を掲げる
   打着~谋取…："V₁着＋V₂"で「V₁しながらV₂する」
   谋取：（方策を講じて利益などを）手に入れる
10. **谈及~**：～に話が及ぶ
    调控：抑制する、バランスを保つようコントロールする
    姜伟新：（人名）
    表示~：～と表明する
    放松：緩和する

□□ 11. 美国联邦政府现在面临巨大的财政赤字压力，美国医疗状况短期内仍难改善。

□□ 12. 记者在采访中却发现，上万个国家标准中，普通消费者能说出名字来的并不多。

□□ 13. 6月20日，四川省宣汉县举办首届新农村龙舟大赛，36支龙舟队展开激烈角逐。

□□ 14. 我国居民用电呈现倒金字塔形特点，用电较少的2/3居民家庭只用了1/3的电。

□□ 15. 平遥古城是我国境内目前保存最完整的明清县城，有着极其重要的历史文物价值。

□□ 16. 睡眠呼吸障碍疾病的主要症状是夜间打鼾，而且鼾声很不均匀，中间可能有间断。

□□ 17. 对企业而言，履行社会责任、从事公益事业是长久的事情，不是一天就能做完的。

□□ 18. 今年上半年四种主要污染物排放下降，其中，COD下降2.11%，二氧化硫下降2.72%。

□□ 19. 上海国际金融中心的建设，极大地提高了金融服务实体经济、上海服务全国的能力。

□□ 20. 企业家们应该看到，目前人类社会面临的生存和发展危机，本质上是一种资源危机。

---

11. 美国联邦政府：アメリカ連邦政府
12. 却：なんと（予想に反した意外な気持ちを示す）
    上万：万に上る
    标准：基準（"国家标准"はGB規格と言われ、日本のJIS規格に当たる）
13. 首：㊥第一
    首届：第1回
    龙舟大赛：ドラゴンボートレース
    支：部隊など枝分かれしたものを数える量詞
    角逐：勝敗を競う
14. 用电：電力消費、電力を使用する
    倒金字塔形：逆ピラミッド型
15. 平遥古城：山西省の城壁都市。1997年、ユネスコの世界遺産に登録
    明清：明代・清代
    县城：県庁所在地（"城"は城壁で囲まれていた本格的な都市を指す）
    极其：極めて
    文物：文化財
    重 2
16. 打鼾：いびきをかく
    可能有～：～する場合もある、あり得る
17. 对～而言：～にとっては　㊥对～来说
    做完：やり終える、成し遂げる
    重 6、21、17
18. 上半年：上半期
    排放：（廃棄物を）排出する
    COD：化学的酸素要求量（chemical oxygen demand　水の汚れを表す指標の1つ）
    二氧化硫：二酸化硫黄
19. 上海国际金融中心：上海国際金融センター
    服务～：～に貢献する
20. 看到：目を向ける、認識する
    重 17

Level  練習問題

- ☐☐ 21. 事实上，2010年之前，中国廉价的稀土长期供应全球市场，廉价稀土一度供给充足。

- ☐☐ 22. 一个"城市发展高峰论坛"，上报预算1000万元，经规范后大幅"瘦身"至61万元。

- ☐☐ 23. 当今世界是一个开放的世界，任何领域的进步都<u>离不开</u>相互交流合作、相互学习借鉴。

- ☐☐ 24. 加拿大法律规定年满18周岁以上的成年人才能买烟，青年人买烟必须出示年龄证明。

- ☐☐ 25. 中国女排是"团结、拼搏、向上"的精神象征，她们在国人心目中占据着特殊的位置。

- ☐☐ 26. <u>来到</u>华盛顿，必要参观白宫、国会大厦、华盛顿纪念碑、林肯纪念堂和杰斐逊纪念堂。

❖ 語 注

21. 稀土：レアアース
   全球：地球全体、全世界
   一度：かつて一度（〜したことがある）
22. 高峰：サミット
   论坛：フォーラム
   上报：申告する
   经〜后：〜した後に、〜してから
   规范：規範化する、基準に沿って見直す
   瘦身：スリム化する、削減する（「減量する」から）
23. 借鉴：参考にする、教訓にする
   雷7, 18
24. 加拿大：カナダ
   规定：規定する
   〜才能…：〜して初めて…できる、〜でなければ…できない
   必须：必ず〜しなければならない
   出示：（身分証、証明書などを）提示する
25. 女排：女子バレーボール
   拼搏：敢闘する
   象征：シンボル
   心目中：（人・物事に対する）考え、心の中
   占据着：占めている（"着"は状態の持続を示す）
26. 来到：やってくる
   华盛顿：（地名・人名）ワシントン
   白宫：ホワイトハウス
   国会大厦：国会議事堂
   林肯：（人名）リンカーン
   杰斐逊：（人名）ジェファーソン
   雷17

【問題21の話】"需求""供应""供求"

日本語の「需要」「供給」「需給」「需給のアンバランス」「供給不足」「供給過剰」を中国語では"需求""供应""供求""供求矛盾""供不应求""供过于求"と言います。しかし、"供应"が主に物資の供給に使われるのに対し、人や資金・技術など幅広い供給も含めて"供给"も使われます。なお、"供给"の発音は正しくは"gōngjǐ"。

□□ 27. 苹果公司股价自9月21日创下历史最高点705美元后，此后两个月累计跌幅超过25%。

□□ 28. 电子商务在"血拼"中扮演着愈发重要的角色，"网购"方兴未艾，营业额不断攀升。

□□ 29. 缺陷汽车产品召回是有期限的，对超过期限的缺陷汽车产品，生产者可以不实施召回。

□□ 30. 美国南加州大学附近11日凌晨发生枪击事件，两名在南加大就读的中国留学生不幸遇难。

□□ 31. 美国白宫8日发布报告说，美国制造业回归趋势明显，更多公司选择将生产线搬回美国。

□□ 32. 10年间，我国经历了世界上最大规模的城镇化过程，城镇化率年均增长1.35个百分点。

27. 苹果公司	アップル社
自~后	～した後に、～してから
美元	アメリカドル
跌幅	下落幅
28. 电子商务	電子商取引
血拼	ショッピング（音訳）
扮演角色	役割を演じる
愈发	よりいっそう、ますます（＝"更加"）
网购	ネットショッピング
攀升	（価格、数量などが）上昇する
29. 缺陷汽车产品	欠陥自動車製品
召回	リコール
可以~	（許可されて）～してもよい、～して差し支えない
	重6
30. 南加州大学	南カリフォルニア大学（"南加大"はその略語）
凌晨	未明
枪击	銃撃する
就读	（学校で）勉強する、就学する
遇难	（不慮の事故や事件で）命を落とす
	重2
31. 回归趋势	回帰傾向
生产线	生産ライン
搬回	戻す（"回"は「元の場所へ戻る」という意味を示す方向補語）
	重1、9
32. 经历	経験する
城镇化	都市化
年均	年平均、1年あたり
百分点	ポイント（統計学上の単位）

"城镇化"の一端を担った高速鉄道

Level 3 練習問題

☐☐ 33. 今年的科技创新大会把企业确定为技术创新主体了，这真是我们从事企业研发人的福音。

☐☐ 34. 一个行业有一个行业的责任，一个行业有一个行业的艰辛，一个行业有一个行业的奉献。

☐☐ 35. 我们本来有着丰富的文学批评资源与遗产，我们的文学批评不必过于依赖外国人的理论。

☐☐ 36. 因为疲劳过度，朴航瑛旧伤复发，讲课时豆大的汗珠滴下来，有些学生心疼得直抹眼泪。

☐☐ 37. 昆山原先是个农业县，经济基础薄弱，工业产值在20世纪80年代是当时苏州6县中最小。

☐☐ 38. 自1903年莱特兄弟发明人类历史上第一架飞行器之后，航空运输就成为最快的运输方式。

---

33. 研发：研究開発
    重 9、17
34. 一个~有一个…：それぞれの~に…がある、どの~にも…がある
    行业：職種、業種
35. 不必~：~する必要はない
    过于~：~しすぎる、あまりにも~
    重 2
36. 过度：度を超す
    朴航瑛：（人名）
    汗珠：玉の汗、大粒の汗
    滴下来：したたり落ちる（"下来"は高いところから低いところへ降りてくることを示す方向補語）
    重 19
37. 昆山：江蘇省南部の都市（1989年に市制施行）
    原先：もともと、当初は
    工业产值：工業生産額
    苏州6县：1983年に蘇州市に編入された6つの県（呉県・呉江県・崑山県・太倉県・沙洲県・常熟県）
    重 7
38. 自~之后：~の後に、~してから
    莱特兄弟：ライト兄弟
    第一：最初の
    架：機械類を数える量詞
    飞行器：飛行器具（空中を飛行する機器・装置の総称）
    重 21、17

文法 【問題33の話】"技术创新"

"技术创新"はイノベーションのこと。でも日本語のイノベーションが技術革新を指すのに対し、中国語の"技术创新"は英語のinnovation同様、制度や気風の刷新も含む幅広い革新を意味します。したがって、日本語に訳すときは、「刷新」「革新」「イノベーション」とケースによってどの日本語を使うか注意が必要になります。

一方、"技术"も「技術を持っている」というように、「技量」「腕前」「才能」に近い意味で使われるときは、中国語ではよく"本领"を用います。

□□ 39. 从2008年开始，郑州铁路局投入巨资，对郑州北站进行了建站以来最大规模的环境整治。

□□ 40. 在德国，任何人在公开场合展示纳粹标记，或否认纳粹大屠杀历史，都会<u>受到舆论</u>的谴责。

□□ 41. 融合是实现亚太经济内生增长的必由之路，创新是亚太经济实现更高层次发展的有力支撑。

□□ 42. 在世界3400万名艾滋病感染者中，<u>有近半不知道自己感染了病毒</u>，这影响了艾滋病的防治。

□□ 43. 在一些农村地区，包装仿真、价钱低廉、质量低劣的山寨食品，堂而皇之地在集贸市场热卖。

□□ 44. 纸莎草是<u>长在</u>尼罗河边的淤泥和沼泽之中的草本长茎植物，用途很广，最大的功能便是造纸。

39. 郑州：鄭州市（河南省の省都）
    铁路局：鉄路局（鉄道部に属し鉄道路線を管轄する機関）
    对~进行…：～に対し…を行う
    环境整治：環境整備
40. 公开场合：公の場所
    纳粹：ナチス
    标记：マーク
    纳粹大屠杀：ホロコースト（ナチスによるユダヤ人の大虐殺）
    受到谴责：糾弾される
    重23
41. 亚太经济：アジア・太平洋の経済
    内生增长：内生的成長（経済用語）
    高层次：ハイレベル
42. 艾滋病：エイズ
    近半：半数近く
    防治：予防と治療
    重4
43. 仿真：本物をまねた、複製の
    山寨食品：ニセモノ食品
    集贸市场：自由市場
    热卖：よく売れる（"热"は「人気のある」）
44. 纸莎草：パピルス
    长在~：～に生長する、育つ
    草本长茎植物：長い茎の草本植物
    便是：ほかでもない ㊥就是
    重17

市場にて

Level 3 実力問題

☐☐ 45. 在处理生态平衡方面，巴黎强调保护和发展生物多样性，在塞纳河和运河沿岸建立生态走廊。

☐☐ 46. 上世纪 80 年代初，随着电视的日益普及，话剧面临前所未有的危机，观众锐减、市场凋敝。

☐☐ 47. 据卫生部门统计，我国新生儿脑瘫的发病率为 3‰，目前全国约<u>有 </u>500 万至 600 万脑瘫患儿。

☐☐ 48. 为方便储户，山东聊城茌平县今年在各乡镇设立了 24 小时自助取款机，老百姓可随时取款。

☐☐ 49. 虽然我国财政收支总量较大，但人均财政收入和支出水平很低，世界排名处于 100 位之后。

☐☐ 50. 体育产业是复合型产业，需要大量的通体育、懂经济、会服务、善经营、能管理的复合型人才。

☐☐ 51. 如今没有国家文物局的审批，<u>就</u>不能在故宫、长城、避暑山庄等世界遗产地任意拍摄影视剧了。

☐☐ 52. 经过一个月的试运行，广东省网上办事大厅 10 月 19 日正式上线，63% 的事项可实现网上办理。

☐☐ 53. 日本幼儿园通过每天的穿衣、换衣等，<u>让</u>孩子练习独立生活的能力，养成有条不紊做事的习惯。

☐☐ 54. 姑父在村里已生活了几十年，谈及近 10 年的生活状况，姑父口中<u>说得最多</u>的就是"变化真大"。

☐☐ 55. 每天清晨，伴随着一阵阵清脆的哨子声，四川省安县高川乡的群众<u>便</u>三五成群地开始跑步晨练。

☐☐ 56. 日方必须充分认识事态的严重性，不要作出错误的决定，同中方一道，维护中日关系发展大局。

☐☐ 57. 运动员要尊重裁判、服从裁判，但激烈的竞技比赛中，裁判公正准确执法，也是对运动员的尊重。

☐☐ 58. 按照往年规律，随着天气逐渐转暖，蔬菜进入生长加速、大量上市季节，价格往往出现较大回落。

☐☐ 59. 普京认为俄罗斯文明是欧洲文明的一部分，让俄罗斯成为欧洲"平等一员"是其重要的外交理念。

☐☐ 60. 早在 2010 年 10 月举行的越日首脑会谈上，越南政府就宣布日本将是越南开发稀土长期合作伙伴。

☐☐ 61. 预计未来三天，随着冷空气逐渐东移，大风、降温、雨雪天气将自西向东陆续覆盖我国北方地区。

☐☐ 62. 中国经济必须加快转变发展方式，提高核心竞争力，降低污染和消耗，让百姓更多分享发展成果。

☐☐ 63. 电影和文学的相互渗透极为迷人，台湾电影最精彩的时期，往往也是和其他艺术交流最深的时期。

☐☐ 64. 前些年，国内许多地方都高度重视光伏产业发展，将其定为支柱产业，制定了规模可观的发展规划。

☐☐ 65. 今年 7 月 21 日，北京遭受特大暴雨袭击，房山区是重灾区，老赵夫妇的猪被洪水冲走了 1400 多头。

☐☐ 66. 消费者要了解自己的皮肤特点，认真阅读标签、标识、成分表和警示语，选择适合自己肤质的化妆品。

☐☐ 67. 1997 年香港回归后，历任行政长官办公室均设有礼品登记册，记录行政长官以公职身份接受的礼物。

☐☐ 68. 我国社会保障制度起步较晚，虽然取得了巨大成绩，但必须清醒地看到，社会保障体系总体还不完善。

☐☐ 69. 我们来到天同医养院时，正赶上午饭时间，老人们的午餐是炖鸡腿、清炒菠菜、土豆丝和西红柿鸡蛋汤。

☐☐ 70. 我的老家在皖北一个小县城，记得小时候城里的两个剧场是县城最热闹的地方，几乎每个礼拜都有演出。

Level 3 実力問題

□□ 71. 几乎所有的脊柱疾病患者都有疼痛症状，且临床表现复杂，病因多样，其中以劳损和退行性变疾病为多。

□□ 72. 聚精会神搞建设无疑是改变中国国情的重要途径，一心一意谋发展无疑是时代赋予当今中国最重要的使命。

□□ 73. 晚上临睡前，张兰习惯性地打开一家网点的手机客户端，她没什么特别要买的，就是看看最近有什么打折。

□□ 74. 欧盟统计局31日公布数据显示，欧元区今年6月份失业率与5月份持平，维持在1995年以来的最高点11.2%。

□□ 75. 农村电影放映工程全年放映电影800万场次，观众超过18亿人次，基本实现一村一月放映一场电影的目标。

□□ 76. 5月10日，母亲节来临之际，武警长春支队的官兵到长春市朝阳区永昌街道惠民社区80岁的董凤兰大妈家看望。

❖ 語注

45. 生态平衡：生態バランス
    巴黎：パリ
    塞纳河：セーヌ川
    生态走廊：生態回廊（生息地を連結し生物の移動路として役立たせるための空間）
    重14
46. 日益：日増しに
    话剧：（京劇などの歌劇に対し対話で演ずる）新劇、現代劇
    锐减：激減する
    凋敝：衰える
47. 脑瘫：脳性麻痺
    ‰：パーミル（1000分の1）。3‰は0.3%
    ～至…：～から…まで　从～到…
    重2
48. 储户：預金者
    24小时自助取款机：24時間サービスのATM（"自助"は「セルフサービス」）
    老百姓：一般庶民
    可～：～できる　可以
    取款：現金を引き出す

49. 虽然～但…：～であるがしかし…だ
    人均：1人当たり、1人平均
    排名：ランキング
    处于～：～にいる、位置する
50. 体育：スポーツ
    通～：～に通じる、明るい
    会～：～するのがうまい
    善～：～に長じる
51. 如今：（過去と比較して）今では
    审批：審査し許可する
    故宫、长城、避暑山庄：故宫・長城・避暑山荘
    影视剧：映画とテレビドラマ
    重21

52. 网上办事大厅：ネットオフィス（ネット上で運営するバーチャルなオフィス）
    上线：オンライン化する
53. 独立生活：自力で生活すること、自活
    重22
54. 姑父：父の姉妹の夫、おじ
    重19
55. 伴随着～：～に伴って
    一阵：ひとしきり（"一阵阵"は量詞が重ねられているので複数を表す）
    哨子声：ホイッスルの音
    群众：大衆（「群衆」と訳さない）
    跑步：ジョギング
    重21
56. 不要～：～してはいけない
    同～一道：～と一緒に　跟～一起

57. 运动员：スポーツ選手
    裁判：審判（レフェリー、アンパイアなど）
    执法：法律を執行する（ここではルールに則り判定することを指す）
58. 按照~：~に照らすと
    逐渐：次第に、徐々に　🔁渐渐
    上市：市場に出回る
    回落：（相場、水位などが）再び下がる
    重2
59. 普京：（人名）プーチン
    俄罗斯：ロシア
    其：それ、その人（論説体常用の代詞。この場合プーチンを指す）
    重22、17
60. 越日：ベトナムと日本
    合作：提携、協力
    伙伴：パートナー
    重21
61. 自西向东：西から東へ
    陆续：続々と
62. 百姓：庶民、人民（＝"老百姓"）
    分享：分かち合う
    重22
63. 极为：極めて
    迷人：人を夢中にさせる
64. 前些年：ここ数年
    光伏：太陽光発電
    支柱产业：基幹産業
    可观：見るに値する、たいしたものである、相当なものである
    规划：計画（"计划"より長期的、遠大な計画を指す）
    重9、17
65. 遭受：（好ましくないことに）遭う、見舞われる
    袭击：（比喩的に暴風、地震などの）襲来
    房山区：北京市に位置する市直轄区
    重灾区：重度に被災した地域
    冲走：押し流す、流失する（"走"は元の位置から離れることを示す）
    重23、17

66. 标签：ラベル
    警示语：注意書き
67. 均：みな、すべて　🔁都
    设有：設けてある
    登记册：記録帳
    重17
68. 起步：着手する、スタートする
    成绩：業績、成果
    完善：完備する、申し分なく整える
    重1、17
69. 赶上：（ある状況に）めぐり合う、出くわす
    炖：（とろ火で）煮込む
    清炒：塩炒め
    丝：千切り
    重17
70. 皖：安徽省の別称
    记得：覚えている
    几乎~都…：ほとんど~はみな…だ
    每个礼拜：毎週
    演出：公演

71. 临床表现：臨床症状
    劳损：過労による損傷
    退行性变：退行性変化
    重13
72. 搞：（動作、行為を）行う、やる、する
    无疑是~：疑問の余地なく~だ、間違いなく~だ
    谋：（一定の事を実現するために）図る、求める
    赋予AB：AにBを与える、授ける
73. 张兰：（人名）
    习惯性地~：習慣的に~する、~するのが習慣となっている（"地"は動詞の修飾語を導く）
    打开：開く
    网点：ウェブサイト
    手机客户端：携帯用ユーザーサイト
    打折：セール
    重4
74. 欧盟：EU（欧州連合）
    欧元区：ユーロ圏
    月份：（暦の上の）月
    与~持平：~と同じ水準を保つ
    维持在~：~に保たれている
    重17
75. 工程：プロジェクト
    全年：年間の
    场次：延べ回数（"场"は上映回数を数える量詞）
    人次：延べ人数
    基本：（副詞として）だいたい、おおむね
76. 母亲节：母の日
    ~之际：~に際して、~のときに　🔁~的时候
    武警：中国人民武装警察の略
    董凤兰：（人名）
    大妈：おばさん（年上の既婚女性に対する敬称）
    看望：訪問する、見舞う

Level 4 基礎問題

☐☐ 1. 互联网经常被称为虚拟空间，但活跃在其中的，依然是现实世界中的人。

☐☐ 2. 如今中美交流虽然很多，但是真正能让美国人理解中国的有效途径并不多。

☐☐ 3. 水总是出现在最需要它的地方，或在干涸的河床，或在期盼甘霖的庄稼地。

☐☐ 4. 任何时候我们都要坚持以民为先、以人为本，让人民过上幸福美满的生活。

☐☐ 5. 纵览中国现当代文学尤其是现当代小说的创作，其中不乏对于劳动的书写。

☐☐ 6. 在瑞士，即使百万、亿万富翁，也只有银行和税务局知道，没有人斗富摆阔。

☐☐ 7. 对于血友病人来说，药品如粮食，如能及时补充，就可以像正常人一样生活。

☐☐ 8. 由于冰雪灾害，我国部分地区出现了电煤告急、电力供应紧张甚至停电的情况。

☐☐ 9. 司法改革必须依法进行，同时又势必突破现行法律的规定，否则就谈不上改革。

☐☐ 10. 山西能源产业发展可喜的不只是发展速度快，更是能源产业转型升级步伐加快。

❖ 語注

1. **互联网**：インターネット
   虚拟空间：バーチャル空間
   重23、17
2. **如今**：今では（過去との比較で）
   中美：中国とアメリカ
   虽然~但是…：~だけれども…だ
   并不~：決して~ではない
   重22
3. **总是**：いつも
   出现在~：~に現れる
   重17
4. **任何~都…**：いかなる~もすべて…だ
   以民为先：人民を優先する
   以人为本：人を基本とする
   过生活：生活する
   过上："上"はここでは「達成」を表す
   重17
5. **现当代文学**：現代文学は1911年の辛亥革命以降の文学を、当代文学は1949年の新中国以降の文学を言う
   尤其是~：特に~は
   对于~：~について、対して
6. **瑞士**：スイス
   即使~也…：たとえ~でも…だ
   重4
7. **对于~来说**：~にとって
   如~：~のようだ
   如~就…：もし~なら…だ
   像~一样：~と同じように
8. **由于~**：~によって（原因・理由を表す）
   电煤：発電用石炭
   甚至~：時には~ということさえある
   重2
9. **否则就~**：そうでなければ~だ
   谈不上：語れない（可能補語の否定形）
   重21、18
10. **山西**：山西省
    能源产业：エネルギー産業
    不只是~更是：~であるだけでなく、それ以上に…だ

☐☐ 11. 谈起自己在基础研究领域的成绩，吴缅首先归因于学校提供了很好的支撑平台。

☐☐ 12. 油田的开发离不开各族群众的理解、支持，油田发展的成果更应让他们得到实惠。

☐☐ 13. 七夕节，牛郎织女的凄美传说，将中国人天长地久的爱情演绎得如此唯美和浪漫。

☐☐ 14. 汽车一旦开过，就是二手车了，在德国，无论多新的二手车，都会立即贬值20%。

☐☐ 15. 随着时代的进步和发展，以前不被当作资源的要素现在正在受到前所未有的重视。

☐☐ 16. 今年各地征兵新举措令人耳目一新，尤其在大学生中涌动的当兵热潮更令人振奋。

☐☐ 17. 他们跟客户签订的是一揽子物流合同，也就是把货物从产地运到客户指定的地点。

☐☐ 18. 菲律宾选择靠拢美国，并在南海问题上挑战中国的做法使当前菲中关系陷入低点。

☐☐ 19. 利比亚原本就是由众多部落和地方势力组成的一个"马赛克"般的斑驳复杂的社会。

☐☐ 20. 任平珍作为被征地农民被纳入企业职工养老保险，每月可以领取最高937元退休金。

---

11. 吴缅：（人名）
12. 离不开：離れられない
   重18、22、17
13. 牛郎织女：牽牛と織姫
   天长地久：（天地のように）永遠
   如此：このように
   重9、19
14. 二手车：中古車
   无论~都…：~にかかわらず…だ
   会~：~するはずだ（可能性を表す）
   立即：すぐに
15. 随着~：~につれて
   当作～：～とみなす（="当做"）
   前所未有：これまでにない
   重23
16. 耳目一新：目にする、耳にするものすべてが新しい
   当兵热潮：入隊ブーム
   重22
17. 一揽子：包括的な
   重9
18. 菲律宾：フィリピン
   南海：南シナ海
   使：その結果、それによって（結果を伴う使役を導く）
   当前：現在の、当面の
   菲中：フィリピンと中国
   重22
19. 利比亚：リビア
   马赛克：モザイク
20. 任平珍：（人名）
   养老保险：年金
   重10、23

Level 4 練習問題

□□ 21. 中国南山集团之所以能取得今天的辉煌，正是得益于改革创新释放出的巨大生产力。

□□ 22. 日本各大汽车厂商在华销售不振，因此不得不下调产量，减产幅度大大超过了9月。

□□ 23. 医生如果不靠技术吃饭，而是靠卖药吃饭，那不仅是医生的悲哀，也是社会的悲哀。

□□ 24. 一个作家的创作不一定越写越好，一个时代的创作也不一定比过去时代的创作更好。

□□ 25. 蒲公英的花语是无法停留的爱，传说谁能找到紫色的蒲公英，谁就能得到完美的爱情。

□□ 26. 学校食堂餐饮安全尤其是贫困地区营养餐计划是个系统工程，仅有资金划拨是不够的。

□□ 27. 国际社会看好中国发展前景的同时，也认识到中国发展进程中一些深层问题尚待解决。

□□ 28. 一家早餐店建得再好、早餐品种再多，但如果离居民小区太远，就难以方便人们就餐。

□□ 29. 欧洲航天工业技术领先、在世界航天市场颇具竞争力得益于欧航局成员国的一贯支持。

□□ 30. 在美国，穆斯林有时会被当成恐怖分子，会遭受歧视，但是在中国不存在这样的成见。

□□ 31. 单日强虽然没有高学历，但对新东西充满兴趣，相信科学可以把"不可能变为可能"。

□□ 32. 任何有关"低危害"烟草制品的研究，都不能降低或者减少烟草对人体带来的健康危害。

❖ 語注

21. **之所以~是…**：〜であるわけは…だからだ
    得益于：〜のおかげである
22. **不得不~**：〜せざるを得ない
    下调：下方修正する
23. **不仅是~也是…**：〜であるだけでなく…でもある
    重12
24. **越~越…**：〜すればするほど…だ
25. **蒲公英**：タンポポ
    无法~：〜するすべがない、〜できない
    重3
26. **仅有~**：ただ〜だけ
    重7、6
27. **看好**：有望視する
    尚待解决：まだ解決されていない
    重17
28. **如果~就…**：もし〜なら…
    难以~：〜するのが難しい
    重19、21
29. **欧洲**：ヨーロッパ
    航天：宇宙
    颇具~：大変〜を具えている、持っている
    欧航局成员国：欧州宇宙機構加盟国
30. **穆斯林**：イスラム教徒
    当成~：〜とみなす
    恐怖分子：テロリスト
    重23、17
31. **单日强**：（人名）
    重9、17
32. 重14、5

□□ 33. 北京中医药大学涌现出越来越多爱中医，并矢志于向世界传播中医文化的坚定的继承者。

□□ 34. 两岸关系发展事关中华民族的长远利益，也与海峡两岸每一位同胞的切身福祉息息相关。

□□ 35. 对导盲犬"禁行"，等于是对盲人的活动加以限制，使他们无法享有公民最基本的权利。

□□ 36. 如前所述，我国学术界近年来对国外中国学的研究已由综合论述发展至个案的专题论述。

□□ 37. 我们将农业与旅游有机结合，主导发展具有高原特色的现代科技农业和生态休闲旅游业。

□□ 38. 我们论证的首要问题，就是研制什么样的大飞机，以打破垄断、开拓大型客机国际市场。

□□ 39. 加快公路建设，筹集资金是最为紧迫的任务，必须要以更开阔的视野去突破"瓶颈"制约。

□□ 40. 增加人民币资产对日本是划时代的新动作，有助于改变日本外汇储备过度偏重美元的现状。

□□ 41. 当地时间13日凌晨2时30分，一艘客运渡轮在孟加拉国南部与一艘运油货轮相撞而倾覆。

□□ 42. 医患矛盾绝不是医生和患者之间的"私人恩怨"，而是有着深刻而复杂的经济和社会背景。

□□ 43. 新中国成立以来，特别是进入改革开放的新时期以来，我国的舞蹈艺术是有过长足进展的。

□□ 44. 宇航员的培养过程是非常漫长的，在地面就要对飞船的构造了如指掌，操作规程烂熟于心。

---

33. **越来越~**：ますます~だ
    中医：中国伝統医学
    矢志于~：~を志す
34. **两岸关系**：台湾海峡を挟む大陸と台湾の関係を指す
    与~相关：~と関係する
    重11
35. **导盲犬**：盲導犬
    加以~：~する、~を行う
    重22
36. **如前所述**：前述のとおり
    由~V至…：~から…までVする 从~V到…
    重5、17
37. **具有**：具える、持つ
    休闲：レジャー
    重9、17
39. **加快**：加速する
    最为：最も
    以~去V：~でVする
    瓶颈：ボトルネック
40. **人民币**：人民元
    有助于~：~に役立つ
    外汇：外貨
    美元：アメリカドル
41. **客运渡轮**：フェリー
    孟加拉国：バングラデシュ
    运油货轮：タンカー
42. **有着**：論説体では"有"にアスペクト助詞"着"がつくことが多い
    重12、2
43. **有过**：論説体では"有"にアスペクト助詞"过"がつくこともある
    长足：急速な、めざましい
    重6
44. **宇航员**：宇宙飛行士
    了如指掌：精通している
    烂熟：熟練する

Level 4 実力問題

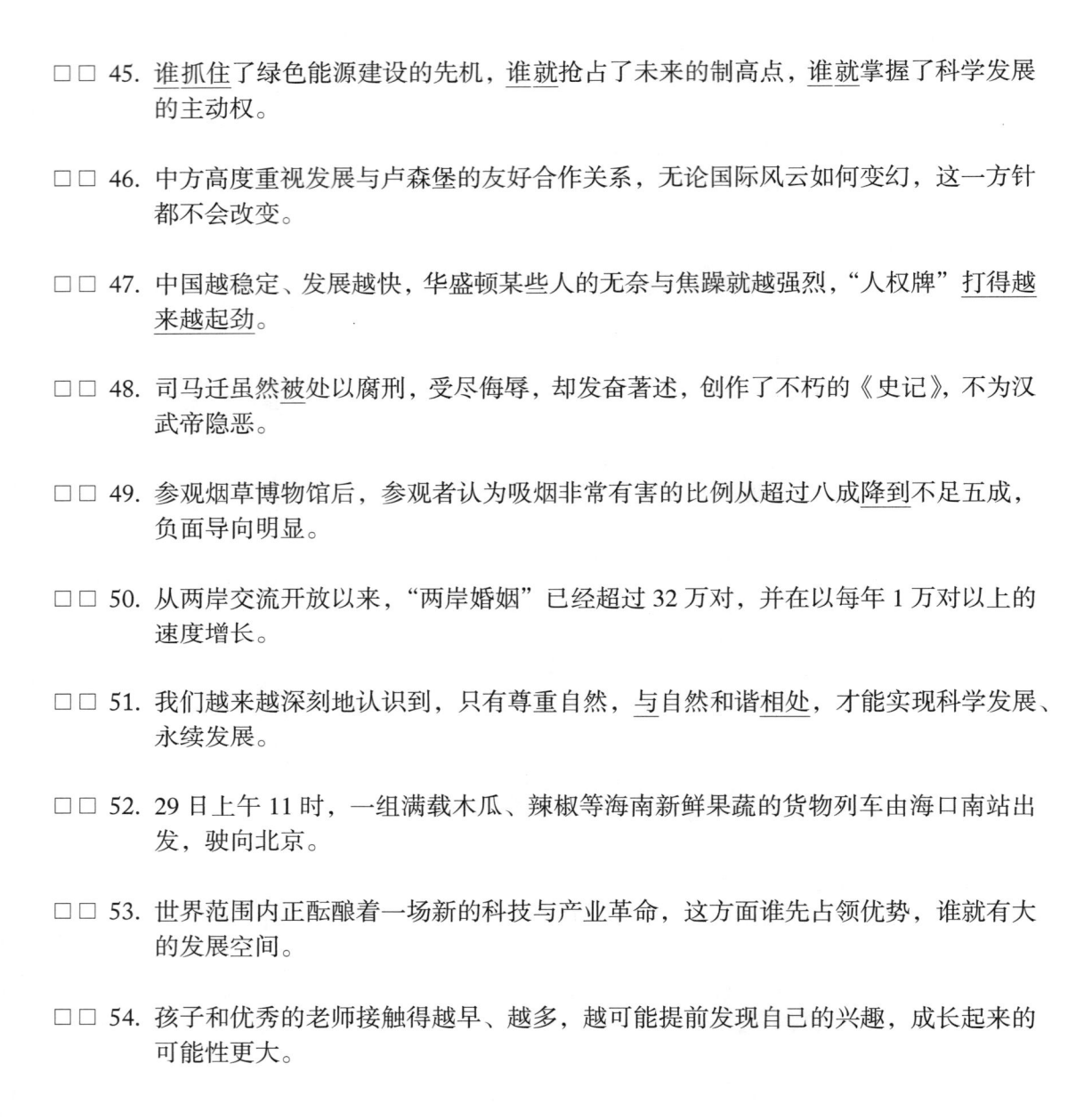

☐☐ 45. 谁抓住了绿色能源建设的先机，谁就抢占了未来的制高点，谁就掌握了科学发展的主动权。

☐☐ 46. 中方高度重视发展与卢森堡的友好合作关系，无论国际风云如何变幻，这一方针都不会改变。

☐☐ 47. 中国越稳定、发展越快，华盛顿某些人的无奈与焦躁就越强烈，"人权牌"打得越来越起劲。

☐☐ 48. 司马迁虽然被处以腐刑，受尽侮辱，却发奋著述，创作了不朽的《史记》，不为汉武帝隐恶。

☐☐ 49. 参观烟草博物馆后，参观者认为吸烟非常有害的比例从超过八成降到不足五成，负面导向明显。

☐☐ 50. 从两岸交流开放以来，"两岸婚姻"已经超过32万对，并在以每年1万对以上的速度增长。

☐☐ 51. 我们越来越深刻地认识到，只有尊重自然，与自然和谐相处，才能实现科学发展、永续发展。

☐☐ 52. 29日上午11时，一组满载木瓜、辣椒等海南新鲜果蔬的货物列车由海口南站出发，驶向北京。

☐☐ 53. 世界范围内正酝酿着一场新的科技与产业革命，这方面谁先占领优势，谁就有大的发展空间。

☐☐ 54. 孩子和优秀的老师接触得越早、越多，越可能提前发现自己的兴趣，成长起来的可能性更大。

☐☐ 55. 电视电影，是指在电视上播放的电影，通常由电视台制作或电影公司制作后再转予电视台播放。

☐☐ 56. 人才是科技创新的第一要素，只有广聚人才、人尽其才，才能促进创新创业和财富的迸发涌流。

☐☐ 57. 英国外交部 25 日表示，英国正在努力推动欧盟把温室气体减排目标无条件地从 20% 提高到 30%。

☐☐ 58. 中国富有远见地与非洲建立了密切关系，在非洲下一阶段的发展中，中国毫无悬念地拥有头等席。

☐☐ 59. 日本丰田汽车公司近日宣布，2015 年起将启用马自达在墨西哥的工厂生产汽车并在北美市场销售。

☐☐ 60. 中国漫长的历史记载中，没有哪个时代像春秋战国那样，以"诗"支撑了一个时代的精神和气度。

☐☐ 61. 像我这样从省城来的外地人，和农村孩子在一起时，经常要受欺负，直到我完全变得和他们一样。

☐☐ 62. 发展文化产业既是一种经济行为，同时又是一种公共服务产品生产过程，离不开政府的大力支持。

☐☐ 63. 因为工作繁忙、压力大，每天早出晚归很难照顾到家里，江山被妻子称为"'不顾家'的好丈夫"。

☐☐ 64. 陈立将自己的身份定位为"古典音乐推广人"，是要将古典音乐这位良师益友介绍给更多的中国人。

☐☐ 65. 温家宝通报了上半年经济工作有关情况，介绍了中共中央、国务院关于做好下半年经济工作的考虑。

Level 4 実力問題

☐☐ 66. 据国家统计局发布的信息，8月份，全国居民消费价格总水平(CPI)同比上涨2.0%，环比上涨0.6%。

☐☐ 67. 火车站晚点两分钟都会播报，取票流程简洁，服务好，车站空调开放到位，能看到铁道部们的进步。

☐☐ 68. 谁能想到，在浩瀚的塔克拉玛干大沙漠深处，竟有一处世外桃源般的所在，一个名叫牙通古斯的村子。

☐☐ 69. 部分公共服务热线不"热"，无人问津的原因，也在于热线宣传不到位，市民并不知道该热线的存在。

☐☐ 70. 每年4月，伦敦书展犹如报春花般，为全球及欧洲出版业提供着图书潮流、趋势、市场动态等重要信息。

☐☐ 71. 早恋被学校和家长视作洪水猛兽，"严禁早恋"也早已成为中小学校园的"道德规范"和"行为准则"。

☐☐ 72. 只要中国经济延续增长势头，企业方面拖欠贷款的可能性就会降低，而且它们对资金还会有持续的需求。

☐☐ 73. 老舍的《骆驼祥子》给她很大震撼，也因而想到，这个人悲惨的宿命，若没有新中国的成立，恐怕难以改变。

☐☐ 74. 目前全国超高层建筑数百，而各地为争"第一高楼"依然"暗战"不休，所以这个数字还在不断被刷新。

☐☐ 75. 超过一半的大学生不赞成将"志愿服务"列为必修，一些同学认为强制会适得其反，使学生产生抵触情绪。

☐☐ 76. 第十二届全国运动会吉祥物在辽宁省沈阳市揭晓，寓意"辽宁、安宁"的斑海豹"宁宁"被确定为吉祥物。

❖ 語注

45. 绿色能源：グリーンエネルギー
    制高点：主導権を獲得し得る高い位置を表す。主導権
    重 3、17、21
46. 卢森堡：ルクセンブルク
    无论～都…：～であれ…だ
    风云：風雲。転変定まらない時勢を表す
    如何：どのように
47. 华盛顿：ワシントン
    无奈：致し方なさ、やるせなさ
    A 与 B：A と B（"与"は連詞）
    人权牌：人権カード
    重 19
48. 司马迁：司馬遷（歴史家）
    史记：『史記』（司馬遷が著した歴史書）
    汉武帝：前漢の武帝
    重 23
49. ～成：～割
    负面导向：ミスリード
    重 17
50. 两岸：台湾海峡を挟む大陸と台湾を指す
51. 只有～才…：～であってこそ…だ
    与～相处：～と共存する
    重 11
52. 木瓜：パパイヤ
    辣椒：トウガラシ
    海南：海南省、海南島
    驶向～：～に向かって疾走する

55. 由～：～によって、～が（責任の所在を示す）
    转予～：～に回す（"予"は"给"と同じ）
56. 人才：人材
57. 外交部：外務省
    欧盟：EU（欧州連合）
    重 9、17
58. 非洲：アフリカ
    毫无～：少しも～がない
    头等席：特等席
59. 丰田汽车公司：トヨタ自動車
    将：～するだろう。これから起こることを示す
    马自达：マツダ自動車
    墨西哥：メキシコ
    北美：北米
    重 5
60. 春秋战国：春秋戦国時代
    重 4
61. 省城：省都
    外地人：他の土地の人、よそ者
    和～一样：～と同じ
    重 19
62. 既～又…：～である上に…だ
    重 18
63. 江山：（人名）
    重 23、17
64. 陈立：（人名）
    重 9、17
65. 温家宝：温家宝（前首相）
    中共中央：中国共産党中央委員会
    国务院：国務院。日本の内閣に相当
    做好：しっかり行う
    重 17

66. 据～的信息：～の情報によると
    消费价格总水平：消費者物価指数（CPI）
    同比：前年同期比
    环比：前期比
67. 到位：適切な状態に達する、ふさわしい条件を満たす
68. 想到：思いつく、予想する
    塔克拉玛干大沙漠：タクラマカン砂漠
    世外桃源：桃源郷
    牙通古斯：（地名）ヤトンクス
    重 17
69. 热线：ホットライン
    该：当該の、その
70. 伦敦：ロンドン
    书展：ブックフェア
    犹如～般：まるで～のように
    报春花：サクラソウ
71. 早恋：早熟な恋愛
    被～视作…：～に…とみなされる
    家长：保護者
    洪水猛兽：恐るべき厄災の例え
    重 23、17
72. 只要～就…：～しさえすれば…だ
    拖欠：返済が滞る
    重 21
73. 老舍：老舍（作家）
    骆驼祥子：『らくだのシアンツ』（老舎の代表作）
    因而：それによって、それだから
    若～：もし～なら
74. 暗战：見えない戦い、暗闘
    不断：絶えず
75. 志愿服务：ボランティア活動
    适得其反：まさにその逆で、逆効果で。予想とは反対の結果を言う
    重 9、22
76. 吉祥物：マスコットキャラクター
    辽宁省：遼寧省
    沈阳：瀋陽市
    斑海豹：ゴマフアザラシ

Level 5 基礎問題

☐☐ 1. 二战期间，美国军方推出一种保险，如果士兵每月交 10 元钱，如果在战场牺牲了，家人<u>就会</u><u>得到</u> 1 万美元的赔偿。

☐☐ 2. 近年来，农村人口出生率下降，且农村青壮年外出务工<u>带走</u>了部分孩子，农村适龄儿童减少，许多农村中小学停办了。

☐☐ 3. 我们<u>所</u>要求的是中国的电影，不是美国式的电影……我们要极力的摆脱模仿外国式的地方，<u>才有</u>真正的中国电影出现。

☐☐ 4. 总体而言，拉美地区的信息化进程缓慢而不均衡，且面临着信息技术对外依赖度高、本国高端信息技工严重短缺等问题。

☐☐ 5. 王和新亲眼目睹乡亲们跟风种植蔬菜，往往损失惨重，他开始思考如何才能打破怪圈，破解菜贵伤民、菜贱伤农的难题。

☐☐ 6. 东盟的经济发展水平不会在短期内走向一致，到 2015 年，东盟仍会有 6 个较发达国家和 4 个欠发达国家这样两个阵营。

☐☐ 7. 多年来，交通运输在发展过程中积累了一些矛盾和问题，主要是：结构不尽合理，发展方式粗放，资源环境约束越来越强。

☐☐ 8. 消息称，外国人只要在西班牙购买价值超过 16 万欧元的住房，其家人即可在西班牙居住并享受当地人的一切社会福利待遇。

※ 語注

1. 二战：第二次世界大戦
   如果~就…：もし~なら…だ
   会~：~するだろう、するはずだ
   得到~：~を得る
   美元：アメリカドル
   重 21、17
2. 近年来：近年、ここ数年
   外出务工：出稼ぎに行く
   带走：連れていく（"走"はその場を離れることを示す）
   重 17
3. 要~才…：～してこそ…だ
   重 16、2
4. 总体而言：総じて言えば
   拉美：ラテンアメリカ
5. 王和新：（人名）
   亲眼目睹：目の当たりにする
   如何：どのように
   怪圈：悪循環
6. 东盟：ASEAN（アセアン）
   仍：依然として
7. 多年来：多年にわたり
   不尽~：必ずしも~でない
   约束：制約
   越来越~：ますます~だ
8. 消息称：情報によると
   只要~即…：~しさえすれば…だ
   即：🔁就
   西班牙：スペイン
   欧元：ユーロ

☐☐ 9. 纵观世界经济发展史，每一轮科技革命都会带动和引发新一轮经济增长，每一轮新的经济增长都源于新科技革命的巨大推动力。

☐☐ 10. 近年来，中国积极营造公平、开放的投资环境，鼓励外商投资稀土环境治理、废旧产品回收再利用和高端应用及装备制造产业。

☐☐ 11. 据中国驻福冈总领事馆消息，一艘中国渔船29日晚疑因在日本鹿儿岛县附近专属经济区内违规作业，被鹿儿岛海上保安部扣押。

☐☐ 12. 小张老家在陕西农村，初中毕业跟着亲戚来北京，卖过水果，当过餐厅服务员，目前在一家连锁糕点店上班，每月能挣2000多元。

☐☐ 13. 中国职业高尔夫球锦标赛每年举办6至8站，每站140人左右的参赛规模，外国球手参赛比例超过20%，其中不乏国际知名球员。

☐☐ 14. 为解决村民卖葱难，水沥村投资建设了一个18000多平方米的钢架结构交易市场，每天开市，供慕名而来的客商和本地葱农交易。

☐☐ 15. 当前，在一些青年中存在着极端个人主义、享乐主义和拜金主义的倾向，还有一些青年贪图安逸、心浮气躁，缺乏艰苦创业精神。

☐☐ 16. 一杯咖啡仅需约10克的咖啡豆制成，但韩国人却抓住这10克咖啡豆背后的商机，积极打造本土品牌并成功推向世界，值得称赞。

9. 轮：循環する事物・動作に用いる量詞
   源于~：~を源とする
   重14
10. 稀土：レアアース
    环境治理：環境対策
    废旧产品：廃棄物
11. 据~消息：~（の情報）によると
    专属经济区：排他的経済水域
    扣押：勾留する
    重23
12. 小张：（人名）張さん。"小~"は目下の者への呼びかけ
    老家：田舎、実家
    陕西：陕西省
13. 职业高尔夫球：プロゴルフ
    锦标赛：選手権
    ~至…：~から…（まで）
    站：回（試合の回数を数える量詞）
14. 水沥村：（地名）水瀝村
    慕名而来：評判を聞いてやってくる
15. 当前：目下、現在
    重2、4
16. 克：グラム
    商机：ビジネスチャンス
    品牌：ブランド
    值得~：~に値する
    重17

Level 5 練習問題

☐☐ 17. 在战争年代,文艺是一支轻骑兵,文艺工作者被称为不拿枪的战士,因为文艺也能唤起工农千百万,激励军民斗志昂扬、奋勇杀敌。

☐☐ 18. 截至目前,苏州已办理轻微刑事案件 208 起,主要涉及因民间纠纷引起的轻伤害、交通肇事、情节轻微的盗窃诈骗等轻微刑事案件。

☐☐ 19. "真美!中国是现代的!"几位从没到过中国的哥伦比亚女士,在欣赏中国当代纤维艺术展时激动地说,并且争相在艺术品前留影。

☐☐ 20. 第三十届伦敦奥林匹克运动会圣火 10 日在位于希腊南部的古奥林匹亚运动场正式点燃,在希腊境内的火炬传递过程随后顺利开始。

☐☐ 21. 我演了杨善洲之后,好多人问了我同一个问题,就是:20 年前,你演了焦裕禄,20 年后,你又演了杨善洲,现在你最大的感受是什么?

❖ 語注

17. 圕 7、23、17
18. 截至目前:現在までに
    起:件(事柄の件数を数える量詞)
    肇事:事故や面倒を引き起こすこと
19. 从没~过:~したことがない
    哥伦比亚:コロンビア
    留影:記念撮影をする
20. 届:回(定期的な会、試合、行事などを数える量詞)
    伦敦:ロンドン
    奥林匹克运动会:オリンピック
    希腊:ギリシャ
21. 杨善洲:(人名)
    焦裕禄:(人名)

時事 【問題 21 の話】模範人物

　"杨善洲"は植林に生涯をささげた人、"焦裕禄"は県の書記としてその発展に尽くし、42歳で病死した人。いずれもかの"雷锋"のように人民のために献身的に尽くした模範的人物として称揚されています。
　バスから降りるとき転んだ老人を助けたら、お前が突き落とした、と訴えられたり、交通事故で道に倒れている子供のそばを10人以上の人が知らんふりで通り過ぎたり、といった話は新聞でも紹介されています。
　人のために尽くすことがこれほど珍重される社会は住みよい社会とは言えないでしょう。

☐☐ 22. 近年，政府多次呼吁学校体育设施向公众开放，但落实情况并不理想，一些学校开始积极，随后难以为继，最后沦为"象征性"开放。

☐☐ 23. 剑桥大学几百年来哺育出许多世界一流的科学家，如牛顿、达尔文等，还有八九十位诺贝尔奖得主也曾在剑桥留下了青春求学的足迹。

☐☐ 24. 2012年5月13日，我们夫妇与中国国际战略学会高级顾问潘惠忠将军夫妇一起，驱车去通州看望德高望重已年近九十的冯其庸老人。

☐☐ 25. 虽然这是所偏远的山村小学，但这里的每位老师都有一套40来平方米、带厨房和卫生间的周转房，与城里的教师宿舍相比也毫不逊色。

☐☐ 26. 日本福岛核泄漏事故发生后，由中国政府多部门联合组织的国家民用核设施综合检查团，对中国在役和在建核电站进行了全面安全检查。

22. 落实：計画などを実行に移す
    沦为~：落ちぶれて~となる、~に成り下がる
    重17

23. 剑桥大学：ケンブリッジ大学
    如：たとえば
    牛顿：ニュートン
    达尔文：ダーウィン
    诺贝尔奖：ノーベル賞
    留下：残す（方向補語"下"はここでは残存を表す）
    重17

24. 潘惠忠：（人名）
    通州：（地名）通州市
    冯其庸：（人名）

25. 虽然~但…：~だけれども…だ
    所：学校や病院などを数える量詞
    周转房：政府や企業が提供する住まい
    与~相比：~と比べて
    毫不~：少しも~ない
    重7、11

26. 组织：組織する
    在役：稼働している
    核电站：原子力発電所

小学校の授業風景

Level 5 練習問題

☐☐ 27. 城市设计者一味追求商业利益，使地价抬高、房价猛涨，进而带动这一区域内服务业的房租、人工等成本提高，也导致城市便利度降低。

☐☐ 28. 土耳其是一个很有历史自豪感和民族自尊心的国家，土耳其人对他们称雄欧亚数百年的奥斯曼帝国历史念念不忘，一直想续写昔日辉煌。

☐☐ 29. 中国男子乒乓球队主教练刘国梁，30日对即将出征的三名男选手近来的表现进行了点评，认为有喜有忧，而对张继科目前的状态尤为满意。

☐☐ 30. 华西村已经走在了共同富裕的前列，全村一年创造千亿元的工农业生产总值，有1600户农民成为百万富翁，拥有良好的福利和社会保障。

☐☐ 31. 为了保障国家粮食安全，今后10年我国将大力发展节水灌溉，力争到2020年灌溉效率提高到55%以上，农业用水总量10年保持零增长。

27. 一味：ひたすら
　　进而：さらに、その上で
　　导致：(悪い結果を) 導く、引き起こす
　　重22
28. 土耳其：トルコ
　　欧亚：ユーラシア
　　奥斯曼帝国：オスマン帝国
　　念念不忘：片時も忘れられない
　　重7
29. 乒乓球：卓球
　　队：チーム
　　主教练：監督
　　刘国梁：(人名)
　　即将～：まもなく～しようとしている
　　近来：最近、近頃
　　有喜有忧：一喜一憂
　　张继科：(人名)
　　尤为：特に、とりわけ
30. 华西村：(地名) 華西村。江蘇省にある「天下第一村」の称号で知られる村
　　走在～：～を歩んでいる（"在"は動作の結果定着する場所を導く）
　　重17、4
31. 为了～：～のため
　　将～：～するだろう
　　要
　　零增长：ゼロ成長。前年度に比べ不変もしくは減少傾向にあること

文法 【問題27の話】"导致""造成"と"后果"

"导致"という動詞に注目しましょう。この動詞は、一般に悪い結果を導くときに使われます。文章において結果を導く表現にはこの文にもある"使"や"使得"が使われますが、これは良い結果にも悪い結果にも使えます。

悪い結果を示すときにはよく"造成"も使われますが、こちらは一般的な状況を示すほかに、人が何人死傷したか、家が何軒倒壊したか、経済損失はどれくらいか、といった具体的数字を示す場合に多用されます。

なお、結果を示す単語で"后果"は悪い結果のみを示しますので要注意です。

☐☐ 32. 两岸货币清算机制的建立，将降低两岸民众与企业的汇兑成本和汇率风险，促进两岸投资贸易更为便利，进一步深化和扩大两岸经济合作。

☐☐ 33. 王三妮家有14亩地，从前每年要缴三四百公斤小麦或者四五百元农业税，农业税取消后，不仅钱粮不再缴了，还能享受政府补贴200多元。

☐☐ 34. 为让更多市民享受方便快捷的借阅服务，2006年开始，天津图书馆在国内率先推出两辆流动借阅服务车，每辆车上载有各类图书3000多册。

☐☐ 35. 日本总务省在2007年就要求所有中央政府机关削减公务用车，目前，日本地方政府的公车多配给水务、教育、总务等实际用车需求较大的部门。

☐☐ 36. 淮安市涟水县前进镇陈祝村的13岁女孩周婷与同伴玩耍时，同伴不慎滑入深水塘，周婷见义勇为，将同伴救上岸后自己却掉进深水塘不幸淹死。

32. **两岸**：台湾海峡を挟む大陸と台湾を指す
　　～与…：（連詞）～と… 圏和
　　风险：リスク、危険
　　更为：さらに
　　重14
33. **王三妮**：（人名）
　　亩：ムー（地積単位）1ムーは1ヘクタールの15分の1
　　公斤：キログラム
　　不仅～还…：～だけでなく…だ
　　补贴：補助金、手当
34. **为～**：～のために
　　重22、17
35. **所有**：すべての、あらゆる
　　目前：目下、現在
　　重21
36. **淮安市涟水县前进镇陈祝村**：（地名）淮安市漣水県前進鎮陳祝村
　　周婷：（人名）
　　见义勇为：正義のために勇敢な行動をする
　　重9

台湾海峡を挟んで人や物が往来する

Level 5 実力問題

☐☐ 37. 胡锦涛表示，金砖国家发展是全球共同发展的重要组成部分，金砖国家合作顺应了和平、发展、合作的时代潮流，有利于推动国际关系民主化。

☐☐ 38. 据共同社报道，12日13时左右，一辆小面包车在京都市十字路口撞入步行人群中，<u>撞死</u>2男5女共7名行人，11人受伤，司机本人也已死亡。

☐☐ 39. 高考综合科目考试临近结束时，湖南省邵阳市洞口县九中考点司铃员错发终考信号，导致考试提前4分48秒结束，涉及35个考场1039名考生。

☐☐ 40. 吕素芹在潍坊老刺绣厂工作，由于效益不好，每月工资也只有八九百元，照顾婆婆，供儿子读大学已然困难有加，买房子<u>更成为一家三口</u>的奢望。

☐☐ 41. 2009年10月13日，中国首次以主宾国的身份参加有"出版界的奥林匹克"之称的德国法兰克福书展，200多家中国出版社携1万多种图书参展。

☐☐ 42. 在第14届残奥会上，中国体育代表团的残疾人运动员自强不息、奋勇争先，取得95枚金牌、71枚银牌、65枚铜牌，位居金牌榜和奖牌榜第一位。

☐☐ 43. 化学农药容易残留在树木、瓜果、蔬菜上，很难彻底<u>清理</u>干净，也很可能污染到河、湖以及地下水，而且对我们的食品安全也是<u>一个</u>很大的威胁。

☐☐ 44. 17岁的姚金男是目前中国女队中优秀的全能型选手，在平衡木、高低杠和个人全能等项目上有很强的竞争力，也是女队在团体项目上的主力队员。

☐☐ 45. 按照10至15年的使用寿命计算，中国每年有500万台电视机、400万台冰箱、600万台洗衣机要报废，500万台计算机、上千万部手机进入淘汰期。

☐☐ 46. 记者从佳木斯市<u>了解</u>到，为进一步<u>宣传</u>张丽莉的英雄壮举和感人事迹，佳木斯市教育局已将张丽莉老师<u>所带</u>的十九中学初三三班命名为"丽莉班"。

☐☐ 47. 上周，鸡蛋零售价格比前一周下降0.5%，比年初下降10.1%，其中北京、天津地区鸡蛋价格均回落至7.5元／公斤以下，比年初分别下降16%和15.8%。

☐☐ 48. 折合人民币，目前欧洲电网对居民的零售电价为1.6元—2元／千瓦时，而光伏发电的合理电价已下降到0.8元—1.2元／千瓦时，达到了平价消费水平。

□□ 49. 遂宁1985年建市，20多年来，一直在探索丘陵地区经济社会发展的新路子，尽管取得了明显成效，但是仍然没有完全摆脱传统经济发展模式的局限。

□□ 50. 9月13日13时许，武汉市东湖风景区一建筑工地发生重大安全事故，一台施工升降机在升至100米处时发生坠落，造成梯笼内的作业人员随笼高坠。

□□ 51. 在天津一家事业单位工作的方先生5年前开始接触信托投资，几年下来一直保持着10%左右的年收益率，现在他家资产的绝大部分都投在了信托产品上。

□□ 52. 京族是我国南方人口最少的少数民族之一，以海滨从事渔业生产为主，主要分布在广西壮族自治区东兴市境内，自16世纪初陆续从越南涂山等地迁来。

□□ 53. 高温热浪近日持续在印度全国蔓延，七成以上地区的气温超过了40摄氏度，其中首都新德里5月31日的气温达45.5摄氏度，创11年来同期气温的新高。

□□ 54. 当前，世界各国信息化快速发展，信息技术的研发和应用正在催生新的经济增长点，以互联网为代表的信息技术在全球范围内带来了日益广泛、深刻的影响。

□□ 55. 9月6日，来自古巴、肯尼亚、津巴布韦等20个发展中国家的38名学员，正在山东潍坊"蔬菜之乡"——寿光杨庄的农家蔬菜大棚里学习无土栽培西红柿技术。

□□ 56. 刚实行"下访寻问题"时，群众们反映的问题大多集中在看病贵、上学贵、收入难等方面；而现在，群众反映的问题则集中在生活环境改善、文化生活丰富等方面。

時事 【問題51の話】財テク流行り

このところ中国でシャドーバンキングの問題がクローズアップされています。なぜそんなに理財商品が流行したかというと、一つには金利が自由化されておらず、預金金利が低く抑えられているので、利回りの良い財テク商品に人気が集まった、と言えるのですが、その裏には、銀行が確実に稼げる国有企業にしか融資をせず、多くの民間中小企業が資金繰りに困っていること、都市化プロジェクトに巨額の資金を必要とする地方政府が、土地転がしによる資金繰りが行き詰まり始め、新たな資金源を求めたことなどがあります。ただ、金利を自由化すれば破綻する銀行もありうるわけで、その際の預金者保護システムも必要です。

Level 5 実力問題

❖ 語注

37. **胡锦涛**：胡錦濤（前国家主席）
    金砖国家：BRICS（ブリックス）。南アフリカが加わり、sがSになった
38. **小面包车**：ミニワゴン車
    重17
39. **湖南省邵阳市洞口县**：（地名）湖南省邵陽市洞口県
    九中考点：第九高校試験会場
    司铃员：ベル係
    导致：（悪い結果を）導く、引き起こす
    考生：受験生
40. **吕素芹**：（人名）
    潍坊：（地名）濰坊市
    由于~：~のために（原因・理由を表す）
    婆婆：夫の母、姑
    困难有加：大変なことが重なる
    重17
41. **有~之称**：~と言われる
    奥林匹克：オリンピック
    法兰克福：フランクフルト
    家：企業、商店、家庭などを数える量詞
42. **残奥会**：パラリンピック
    残疾人：障碍者
    自强不息：たゆまず努力する
    奋勇争先：勇気を奮い起こして先を争う
    枚：メダルの量詞
    榜：ランキング
43. **瓜果**：ウリ類や果物類、果物
    蔬菜：野菜
    清理干净：きれいに取り除く

以及：および、ならびに、さらに
    重17、7
44. **姚金男**：（人名）
    全能型选手：オールラウンドプレイヤー
    队：チーム
45. **按照~**：~に照らして、~によって
    ~至…：~から…（まで）
    重2
46. **佳木斯市**：（地名）ジャムス市
    张丽莉：（人名）
    重17、9、16
47. **零售价格**：小売価格
48. **折合**：換算する
    电网：送電網
    千瓦：キロワット
    光伏发电：太陽光発電
    平价：安価、公正な価格
    水平：レベル、水準
    重5
49. **遂宁**：（地名）遂寧市
    尽管~但是…：~だけれども…だ
    仍然：依然として
50. **武汉市**：（地名）武漢市。湖北省の省都
    东湖：東湖
    风景区：景勝区
    重2
51. **天津**：（地名）天津市
    方先生：（人名）方さん
    ~左右：~ぐらい、約~
    投在~：~に投じる

重17
52. **京族**：キン族
    广西壮族自治区：広西チワン族自治区
    东兴市：（地名）東興市
    自~：~から、~より
    越南：ベトナム
    涂山：（地名）涂（ト）山
    重13
53. **印度**：インド
    ~成：~割
    ~摄氏度：摂氏~度
    新德里：ニューデリー
54. **当前**：現在、当面
    催生：生産を促す
55. **来自~**：~から来た
    古巴：キューバ
    肯尼亚：ケニア
    津巴布韦：ジンバブエ
    发展中国家：発展途上国
    山东：山東省
    寿光杨庄：（地名）寿光楊荘
    大棚：ビニールハウス
    无土栽培：水耕栽培
    西红柿：トマト
56. **下访**：役人などが庶民を訪ねること
    群众：大衆、民衆
    反映：訴える
    ~则：~（の場合）は。具体的、個別の事例について述べるときに使います
    集中在~：~に集中する
    重17

早い、安い、うまいラーメン屋

解説編

- 重要項目解説
- 語彙集
- 解答例とワンポイント解説

重要項目解説

1. **主述述語文**
   「AはBが〜だ」文型。例「ゾウは鼻が長い」。BはAの属性か部分名称になります。ゾウという大主語に対し「鼻が長い」が述部で、その述部も主述構造になっているため主述述語文と言います。中国語では、ただAとBを並べるだけです。
   例 他个子高。「彼は背が高い」
   BがAの属性か部分名称のため、「彼の背は高い」と意訳することも可能です。

2. **存現文：動詞が"存在""有着""出現""发生"など**
   ある人や事物について、その出現や存在を示すことにより、その人や事物の存在を認知させる文を存在出現文、略して存現文と言います。語順は［場所＋存在・出現を示す動詞＋話題となる人や事物］「〜が…に存在・出現する」で、話の始まりによく用いられます。

3. **同一疑問詞が呼応する文**
   同じ疑問詞を呼応させる文です。訳し方に慣れましょう。
   例 你要什么，就给你什么。「君は「何か」が欲しい、その「何か」をあげる→君が欲しいものをあげるよ」

4. **［"有"＋名詞＋動詞性修飾語］、［"无"／"没"］型**
   ある事物や人の存在をまず示し、さらにそれに動詞性修飾語による説明を加えたいとき、その動詞性修飾語は事物や人の後ろに置かれます。"有"の代わりに否定形"没有"、その論説体"无"も置くことができます。
   例 我有事要做。「私はやらねばならないことがある」

5. **［A（主語）＋B（介詞構造）＋"的"＋名詞］**
   この構文の場合、日本語では、「Aの」となりますが、中国語では"A的B的N"とは絶対に言いません。なお、Bのところにはいろいろな介詞が置かれます。例えば"A在〜的N"で「Aの〜におけるN」。

   なお、この文型を日訳するときは、誤解を避けるため、介詞構造部分を先に訳すのが常道です。→「Bに関するAの〜」

6. **［是〜的］**
   "是〜的"は挟まれた部分に述べられている何らかの要素、例えば日付とか手段とか人物とかを確認する気持ちを示します。

7. **［〜是一个…］型**
   主語が単数なのにわざわざ［"一"＋量詞］を加える表現は主語に対する説明口調を表します。「〜はこういった…なのだ」といったニュアンスです。なお"一"はしばしば省略されます。

8. **［要〜必须…］型**
   副詞"必须"は連詞の"要"と呼応して「要〜，必须…」「〜しようとするなら…しなければならない」という形でよく用いられます。また、"必须"の代わりに"得"や"要"も使われ、"要〜，要…"となることもあります。

9. **"把"（"将"）構文**
   介詞"把"には動詞の目的語を動詞より前に引っ張り出す働きをする用法があります。"将"は同じ働きを持つ論説体専用語です。

10. **［作为〜V］**
    "作为"は動詞用法の他に、介詞としてもよく用いられます。「〜としてVする」

11. **［与〜相V］、［和〜相V］**
    介詞"与"はよく"相V"と呼応し、論説体の特徴の1つになっています。様々な動詞と呼応します。"与"と"和"はともに連詞にも介詞にもよく用いられます（例えば"A与B"は「AとBは」「AはBと」とどちらにも訳せる）が、"和"が会話体にも論説体にも使えるのに対し、"与"は論説体専用です。

12. **［不〜而…］**
    「〜ではなくて…だ」。"而"は接続機能しかなく、

順接か逆接かは読者が判断しなければなりません。それによって「そうして」か「だけれども」かの訳語を選択することになります。

13. ［以～为…］
「～を…とする」。"…"の部分には様々な単語などが置かれます。代表例が"以～为主"です。

14. ［V₁ 并（和／或者／、）V₂ ＋ O］
2つの動詞を連詞や"、"で結んで、後ろに共通の目的語を置く構造は、論説体独自のものです。類型として、2つの助動詞を連詞で結んで後ろに共通の動詞を置く形もあります。

15. ［形容詞＋"于"］は比較級
会話体と全く違う構造なので、気をつけましょう。
例 重于泰山「泰山より重い」

16. ［"所" V（"的"＋名詞）］の用法
"所"は論説体でよく動詞の前に置かれ、全体を名詞句化したり、その後に続く名詞の修飾語にしたりします。後者の場合、よく名詞の前に"的"が併用されますが、"所"があることでわかるから、と省略されることもしばしばです。
例 他所写论文「彼が書いた論文」
　なお、日本語の「～したところの」という言い回しは、この用法の書き下しから出たものと思われます。

17. 結果補語
動詞の後ろに、本来、動詞か形容詞である語が補語として添えられ、動作が行われた結果を説明します。後ろに目的語を取れること、否定は原則として"没"を用いることが特徴です。

18. 可能補語
主として結果補語や方向補語を元に作られる二次加工品です。動詞と結果補語や方向補語の間に"得"を入れて可能を、"不"を入れて不可能を示します。目的語もそのまま後ろに置くことができます。

19. 様態補語
［動詞＋"得"］の後ろに、動作がどう行われているか、行われた結果どうなったかを説明する単語、フレーズ、センテンスなどが置かれます。否定形も反復疑問形もすべて［動詞＋"得"］の後ろでしか表現しないのが特徴です。なお、様態補語は後ろに目的語を取れないので、［動詞＋目的語＋動詞＋様態補語］の形を採るか、目的語を動詞の前に引っ張り出す"将"や"把"を用います。"将"は論説体専用語です。

20. 程度補語
［形容詞＋"得"］の後ろに、形容詞の示す内容の程度を示す語などが置かれます。

21. 条件を受ける"就"（"便"）と、予想より早い気持ちを示す"就"（"便"）
"就"には様々な用法がありますが、その代表例がこの2点です。"便"は論説体専用語です。

22. 使役文
使役には会話体でよく"叫"や"让"が使われます。注意すべきは"使"で、ほとんどの場合、結果を伴う使役で使われます。したがって、「～がAに…させた」と訳すより、「～して、その結果（それで）Aは…した」と訳す方がはるかにスムーズになります。また、"令人～"も論説体専用の特徴的な使役で、「人に～させる」が原義ですが、この「人」が不特定多数を指し、多くの場合、書き手を含むことから、実際は受け身用法の1つとして捉えて訳した方がスムーズになることが多いのです。
例 令人吃惊「びっくりさせられた」

23. 受身文
論説体では受け身専用の介詞として"被"がありますが、使役に使われる会話体常用の"叫"や"让"が受け身にも使われ、学習者を当惑させます。実は［A"叫"（"让"）B＋V］の形式のとき、Bの行為（V）が第三者（C）に対して行われる場合は使役になり、Aに対して行われる場合は受け身になるのです。「私は彼に私を殴らせた」は特殊な場合を除き、「私は彼に殴られた」という意味と同義になるからです。"得到"は「～を得た」が原義ですが、実際は受け身として訳すことがよくあります。
例 得到缓解「緩和された」

○ 語彙集

【固有名詞】

● 国名・地名
（＊細かい都市や地域名称は含まず）

非洲：アフリカ
欧洲：ヨーロッパ
欧亚：ユーラシア
拉美：ラテンアメリカ
北美：北アメリカ
韩国：韓国
泰国：タイ
菲律宾：フィリピン
越南：ベトナム
印度：インド
孟加拉国：バングラデシュ
土耳其：トルコ
伊朗：イラン
埃及：エジプト
利比亚：リビア
肯尼亚：ケニア
英国：イギリス
法国：フランス
德国：ドイツ
卢森堡：ルクセンブルク
瑞士：スイス
希腊：ギリシャ
西班牙：スペイン
美国：アメリカ
巴西：ブラジル
古巴：キューバ
哥伦比亚：コロンビア
津巴布韦：ジンバブエ
墨西哥：メキシコ
加拿大：カナダ
俄罗斯：ロシア
奥斯曼帝国：オスマン帝国
伦敦：ロンドン
新德里：ニューデリー
巴黎：パリ
法兰克福：フランクフルト
华盛顿：ワシントン
加州：カリフォルニア州の略称
厦门：アモイ（福建省南東部の経済特別区）
广西壮族自治区：広西チワン族自治区
皖：安徽省の別称
尼罗河：ナイル川
塞纳河：セーヌ川
南海：南シナ海
塔克拉玛干大沙漠：タクラマカン砂漠

● 人名
林肯：リンカーン（第16代アメリカ大統領）
杰斐逊：ジェファーソン（第3代アメリカ大統領）
莱特兄弟：ライト兄弟
牛顿：ニュートン
达尔文：ダーウィン
司马迁：司馬遷（歴史家）
汉武帝：漢の武帝
老舍：老舎（作家）
胡锦涛：胡錦濤（前国家主席）
温家宝：温家宝（前首相）
普京：プーチン

● その他名称
东盟：ASEAN（アセアン）
欧盟：EU（欧州連合）
亚太经济合作组织：APEC（アジア太平洋経済協力）
金砖国家：BRICS（ブリックス）（ブラジル、ロシア、インド、中国、南アフリカ共和国を表す）
中共中央：中国共産党中央委員会
国务院：国務院（日本の内閣に相当）
上海国际金融中心：上海国際金融センター
铁路局：鉄路局（鉄道部に属し鉄道路線を管轄する機関）
奥林匹克运动会：オリンピック
残奥会：パラリンピック
二战：第二次世界大戦
白宫：ホワイトハウス
国会大厦：国会議事堂
美国联邦政府：アメリカ連邦政府
卢浮宫：ルーブル美術館
剑桥大学：ケンブリッジ大学
诺贝尔奖：ノーベル賞
纳粹：ナチス
纳粹大屠杀：ホロコースト（ナチスによるユダヤ人の大虐殺）
穆斯林：イスラム教徒
北汽集团：北京自動車グループ（中国の自動車メーカー）
丰田汽车公司：トヨタ自動車
马自达：マツダ自動車
苹果公司：アップル社
江豚：長江イルカ（長江に生息する固有種のイルカ）
斑海豹：ゴマフアザラシ
诺亚方舟：ノアの方舟
平遥古城：平遥古城（明代の町並みが今も残る城壁都市。1997年ユネスコ世界遺産に登録された）
华西村：華西村（江蘇省にある村で「天下第一村」の称号で知られる）
京族：キン族
春秋战国：春秋戦国時代
明清：明代・清代

【普通名詞】

人民币：人民元
美元：アメリカドル
欧元：ユーロ
欧元区：ユーロ圏
外汇：外貨
市场：マーケット
跌幅：下落幅
同比：前年同期比
环比：前期比
电子商务：電子商取引
理财：財テク
储户：預金者
预付卡：プリペイドカード
营销：マーケティング、販売
血拼：ショッピング（音訳）
网购：ネットショッピング
打折：セール
自助：セルフサービス
24小时自助取款机：24時間サービスのATM
集贸市场：自由市場
零售价格：小売価格
平价：安価、公正な価格
消费价格总水平：消費者物価指数（CPI）
房地产：不動産
经济增长：経済成長
内生增长：内生的成長（経済用語）
教育投入：教育投資
企业家：事業主、企業経営者
支柱产业：基幹産業
出口：輸出
生产线：生産ライン
上半年：上半期
下半年：下半期
养老保险：年金
退休金：退職金
补贴：補助金、手当
增速：成長率、成長の速さ
零增长：ゼロ成長。前年度に比べ不変もしくは減少傾向にあること
工业产值：工業生産額
商机：ビジネスチャンス
品牌：ブランド
成本：原価、コスト
生产性泊位：製造原料（非旅客）用バース
稀土：レアアース
二氧化碳：二酸化炭素
二氧化硫：二酸化硫黄
钒：バナジウム
储备量：備蓄量
COD：化学的酸素要求量（chemical

oxygen demand：水の汚れを表す指標の１つ）
能源：エネルギー
绿色能源：グリーンエネルギー
太阳能：太陽エネルギー
光伏发电：太陽光発電
核能：原子力エネルギー
核电站：原子力発電所
电网：送電網
天然气：天然ガス
油气：石油と天然ガス
油价：石油価格
环境整治：環境整備
环境治理：環境対策
废旧产品：廃棄物
餐厨垃圾：生ゴミ
环卫：環境衛生（主に清掃、ゴミ収集などを指す）
环卫工：清掃作業員、ゴミ収集作業員
农民工：農村からの出稼ぎ労働者
行业：職種、業種
人才：人材
律师：弁護士
城市设计者：都市プランナー
官兵：士官と兵士
武警：中国人民武装警察の略
家长：保護者、父兄
老年群体：高齢者層
居民：住民
群体：集団、層、群（共通点を持つ人や物の集まり）
群众：大衆（「群衆」と訳さない）
老百姓：一般庶民
百姓：（官吏と区別して）庶民、人民
民生：人民の生活
民政部门：社会福祉や生活保障等、人民の生活に関する行政部門
寒门：貧しい家、身分の低い家柄
留守儿童：両親が長期不在の家の子ども
考生：受験生
残疾人：障碍者
灾民：被災者
重灾区：重度に被災した地域
袭击：（比喩的に暴風、地震などの）襲来
城：城壁で囲まれていた本格的な都市
省城：省都
县城：①（古代中国）県の役所の防衛のために築かれた城塞
②（現代）県庁所在地
城乡：都市と農村
老家：故郷、生家
外地人：他の土地の人、よそ者
城镇化：都市化

欠发达地区：後進地域、低開発地域
发展中国家：発展途上国
人世间：この世
公开场合：公の場所
媒体：メディア
知识产权：知的財産権
互联网：インターネット
网点：ウェブサイト
网站：ウェブサイト
网上办事大厅：ネットオフィス（ネット上で運営するバーチャルなオフィス）
工作站：仕事場、オフィス
热线：ホットライン
手机客户端：携帯用ユーザーサイト
虚拟空间：バーチャル空間
机器人：ロボット
模拟训练：シミュレーショントレーニング
动漫产业：アニメ産業
科幻：SF（空想科学）
航天：宇宙
宇航员：宇宙飛行士
科技：科学技術
新能源汽车：新エネルギー車
二手车：中古車
缺陷汽车产品：欠陥自動車製品
召回：リコール
小面包车：ミニワゴン車
小排量车：小排気量車
客运渡轮：フェリーボート
运油货轮：タンカー
救生舱：救命ボート
龙舟大赛：ドラゴンボートレース
飞行器：飛行器具（空中を飛行する機器・装置の総称）
大型客机：大型旅客機
数据：データ
百分点：ポイント（統計学上の単位）
比例：比率、割合
需求：需要、ニーズ
水平：レベル、水準
定位：位置づけ
动力：原動力
挑战：試練
进程：プロセス、あゆみ
渠道：道筋、ルート
机制：仕組み、メカニズム
提高：上昇（"提高"は動詞にも名詞にも用いられる）
提升：向上
门槛：敷居
创新：革新
崛起：台頭
气象：情景、状況
基层：末端
枢纽：中心、要衝

根基：基盤、土台
底线：ボトムライン
引导：指導
冲突：衝突、対立、紛争
伙伴：パートナー
战略伙伴：戦略的パートナー
暗战：見えない戦い、暗闘
国家标准：国家基準、GB規格
首届：第１回
全球：地球全体、世界
一度：一時期
高峰：サミット
论坛：フォーラム
旗号：旗印、大義名分
调控：制御、規制
约束：制約
标准：基準
瓶颈：ボトルネック
研发：研究開発
艰辛：苦労、辛苦
奉献：貢献
标记：マーク
高层次：ハイレベル
支持：支援、サポート
风险：リスク
风云：風雲。転変定まらない時勢を表す
排名：ランキング
水平：レベル
金字塔：ピラミッド
倒金字塔形：逆ピラミッド型
马赛克：モザイク
规划：計画
标签：ラベル
警示语：注意書き
登记册：記録帳
成绩：業績、成果
工程：プロジェクト
怪圈：悪循環
力量：勢力、パワー
关键：肝心な点、キーポイント
好人：善人、立派な人物
不正之风：良くない風潮
象征：シンボル
吉祥物：マスコットキャラクター
心目中：（人・物事に対する）考え、心の中
心意：（他人に対する）気持ち
志愿服务：ボランティア活動
休闲：レジャー
留影：記念撮影、記念写真
书展：ブックフェア
头等席：特等席
生肖：干支
十二生肖：十二支
风筝：凧
自来水：水道、水道水

語彙集

大棚：ビニールハウス
加油站：ガソリンスタンド
周转房：政府や企業が提供する住まい
警犬：警察犬
导盲犬：盲導犬
眷恋：愛着
早恋：早熟な恋愛
庭审：法廷審理
反家庭暴力法：反DV法
恐怖分子：テロリスト
体育：スポーツ
体坛：スポーツ界
锦标赛：選手権
巨星：スーパースター
主教练：監督
队：チーム
足球：サッカー
马拉松赛事：マラソン大会
乒乓球：卓球
高尔夫球：ゴルフ
女排：女子バレーボール
跑步：ジョギング
拳击：ボクシング
运动员：スポーツ選手
裁判：審判（レフェリー、アンパイアなど）
哨子：ホイッスル
气枪：空気銃、エアライフル
棋：囲碁、将棋
戏曲：戯曲（中国の伝統的な演劇）
话剧：（京劇などの歌劇に対し対話で演ずる）新劇、現代劇
影视剧：映画とテレビドラマ
演员：役者
演出：公演
师傅：師匠、親方
文物：文化財
书法：書道
毒瘤：がん
大病：大病、高額な医療費のかかる疾病
病毒：ウイルス
乙肝病毒：B型肝炎ウイルス
梅尼埃病：メニエール病
胰腺癌：膵臓がん
艾滋病：エイズ
脑瘫：脳性麻痺
劳损：過労による損傷
退行性变：退行性変化
迷你胶囊：小型カプセル
转基因：遺伝子組み換え
山寨食品：ニセモノ食品
油菜籽：ナタネ（アブラナの種）
肉馅：（豚まんなどの）ひき肉のあん
保质期：品質保証期限
菠菜：ホウレンソウ

土豆：ジャガイモ
西红柿：トマト
水果：果物
瓜果：ウリ類や果物類、果物
木瓜：パパイヤ
辣椒：トウガラシ
蔬菜：野菜
清炒：塩炒め
丝：千切り
汤：スープ
糕点：スイーツ
黄酒：醸造酒の総称
面馆：麺類専門の料理店
无土栽培：水耕栽培
纸莎草：パピルス
草本长茎植物：長い茎の草本植物
蒲公英：タンポポ
报春花：サクラソウ
生态走廊：生態回廊（生息地を連結し生物の移動路として役立たせるための空間）
雨夹雪：みぞれ
凌晨：未明
清晨：早朝、明け方
周四：木曜日
每个礼拜：毎週
未来：（多く気象関係で用い）これから先、今後
前些年：ここ数年
顶：てっぺん
高低：高さ
大小：大きさ
长短：長さ
亩：ムー（地積単位）1ムーは1ヘクタールの15分の1
克：グラム
公斤：キログラム
千瓦：キロワット
吨：トン
姑父：父の姉妹の夫、おじ
大妈：おばさん（年上の既婚女性に対する敬称）
婆婆：夫の母、姑
母亲节：母の日
两岸关系：台湾海峡を挟む大陸と台湾を指す
欧盟国家：EU諸国
国家：複数にも用いられ、その場合は「諸国」「国々」

【構文】

为wéi：会話体の"是"に相当（数量を示すときに多用される）
是~的：述部をサンドイッチして、主観的な判断を下すニュアンスを示す
是~，不是…：～であり…でない

是~而不是…：～であり…でない（この"而"は並列・累加関係を表す連詞）
不是~而是…：～ではなく…である
不仅是~也是…：～であるだけでなく…でもある
不仅~还…：～だけでなく…だ
不只是~更是…：～であるだけでなく、それ以上に…だ
虽然~但／虽然~但是…：～であるがしかし…だ
几乎~都：ほとんど～はみな…だ
连~都…：～さえも…だ
无论~都…：～にかかわらず…だ
尽管~但是…：～だけれども…だ
任何~都…：いかなる～もすべて…だ
比任何~都…：いかなる～と比べても…だ（"比"の比較文と"任何~都…"の複合文）
即使~也…：たとえ～でも…だ
~就…：～なら…だ（条件を示す複文に用いる）
若~：もし～ならば
如（果）~就…：もし～なら…だ
否则就~：そうでなければ～だ
要~，就必须…：～するには…しなければならない（この"要"は連詞）
要~才…：～してこそ…だ
要~才会…：～してこそ…するはずだ（この"会"は、必然的可能性「～するはずだ」）
~才能…：～して初めて…できる、～でなければ…できない
只要~就…：～しさえすれば…だ
只要~即…：～しさえすれば…だ（"即"は論説体）
只有~，才…：～してこそ…だ
只有~，才能…：～してこそ…できる、…するには～でないとだめだ
不仅~，更…：～するだけでなく、…する
~才是…：～こそ…である（断定の気持ちを強調する表現）
之所以~是…：～であるわけは…だからだ
正在~：ちょうど～している（動作が現在進行中であることを表し、"在~"や"正~"の形でも用いる）
又~又…：～でありかつ…である
既~又…：～であるうえに…だ
时~时…：～したり…したりする
越~越…：～すればするほど…する
一个~有一个…：それぞれの～に…がある、どの～にも…がある

~存在…：～に…が存在している（存在文）
~有着…：～に…が存在している（存在文）。論説体では"有"にアスペクト助詞"着"がつくことが多い
~出現…：～に…が現れる、出る（出現文）
~发生…：～に…が発生する（出現文）
V_1什么，V_2什么：V_1するものをV_2する（同じ疑問詞が呼応する文）
哪里有~哪里就有…：～があるところにはどこも…がある（同じ疑問詞が呼応する文）
谁~，谁就…：～する人はだれでも…する（同じ疑問詞が呼応する文）
与~相V：～とVする（この"与"は介詞）
例 与~相伴：～を伴う　与~相比：～と比べて　与~相撞：～と衝突する　与~相处：～と共存する
和~相V：～とVする（この"和"は介詞で"与~相V"と同じ）
例 和~相连：～とつながっている
令人~：～させる（論説体の使役文。"人"は書き手を含む不特定多数を指し、受身に訳すほうが自然な日本語になる場合が多い）
例 令人心痛：憂慮される
使~：その結果～だ、それによって～だ（論説体の使役文に用いる介詞。結果を導く）
让~：～させる（使役文に用いる介詞。動作者の自主性や成り行きに任せる意味合い）
被~：～される（受身文に用いる介詞）
例 被当成~：～とみなされる

【連詞・介詞・フレーズなど】
都：2つ以上のものを受けて「どれも」「みな、すべて」
均：みな、すべて（会話体の"都"に相当）
便：すぐにもう（会話体の"就"に相当）
却：なんと（予想に反した意外な気持ちを示す）
将~：①まもなく～しようとする、～することになる（会話体の"要"に相当）
②～を（目的語を動詞の前に引き出す。会話体の"把"に相当）
例 将其定为~：これを～と定める
即将~：まもなく～しようとしている

并：かつ、さらに（会話体では2音節"并且"）
并且：かつ、さらに（並列、累加を導く連詞）
而且：そのうえ、さらに（ある事柄がその範囲にとどまらずさらに累加されることを示す）
且：そのうえ、さらに（"而且"と同じ）
以及：および、ならびに、さらに
例 河、湖以及地下水：河や湖、さらに地下水
而：①そして（順接を表す連詞）
[例] 缓慢而不均衡：緩慢でばらつきがある
②しかし（逆接を表す連詞）
③四文字化のつなぎ
例 总体而言：総じて言えば
进而：さらに、その上で
因~：～のために、～によって（理由や原因を示す。会話体では2音節"因为"）
因为~：～だから、～によって（理由や原因を示す）
因此：それゆえに、それだから（前節で原因を、後節で結論を示す）
因而：それゆえに、それだから（前節で原因を、後節で結論を示す）
所以：それゆえに、それだから（前節で原因を、後節で結論を示す）
由于~：～によって（原因・理由を示す）
由~：～によって、～が（行為の責任の所在を示す）
由~来…：～により…する（"来"は介詞"由"と動詞をつなぐ働きをし、"由"の係る範囲を示す目印になる）
例 由大小来决定：大きさで決まる
通过~来…：～を通じて…する、～によって…する
自~：～から（動作の起点を示す）
来自~：～から来る
自~之后／自~后：～の後に、～してから
经~后：～した後に、～してから
~后、再…：～して、それから…
离~：～から（ある場所からの距離を示す）
向~：（物事や人）に対して（会話体の"给""对"に相当）
从~到…：～から…まで
~至…：～から…まで（会話体の"从~到…"に相当）
由~V至…：～から…までVする（会話体の"从~V到…"に相当）

自~向…：～から…へ
例 自西向东：西から東へ
A及B：AとB、AおよびB（並列を表す連詞）
A与B：①AとB（連詞）
例 衡量A与B：AかBか推し量る
②AはBと（介詞）
例 A与B持平：AはBと同じ水準を保つ
同~一道：～と一緒に（会話体の"跟~一起"に相当）
与~不一样／与~不同：～とは違う
和~一样：～と同じ
像~一样：～のように
会~：①～するはずだ、～するだろう（可能性があることを表す）
②～できる、～するのがうまい（習熟していることを表す）
该~：～するべきだ（会話体では2音節"应该"）
可~：～できる、可能である（会話体では2音節"可以"）
可以~：（許可されて）～してもよい、～して差し支えない
能~：（能力・条件があり）～できる
例 能挣2000多元：2000元余り稼げる
能够~：～できる（"能"と同じ）
必须~：必ず～しなければならない
不必~：～する必要はない
不要~：～してはいけない（禁止を表す）
不能~：～してはいけない（禁止を表す）
不容~：～を許さない、させない
远不能~：遙かに～できない
无法~：～するすべがない、～できない（"无"は会話体の"没有"に相当）
谁也无法~：だれも～できない
不尽~：必ずしも～ではない、～とは限らない
不仅~：単に～だけではない、～にとどまらない
不得不~：～せざるを得ない
不再~：もう二度と～しない
未~：～していない、～したことがない（会話体の"没有"に相当）
并未~：決して～していない、少しも～したことがない
未曾~：いまだかつて～していない、まだ～したことがない
从未~：いまだかつて～したことがない
尚无~：まだ～がない（会話体の"还没有"に相当）
并不~：決して～ではない、あまり

~でない（特に取り立てる必要がないことを示す）
- 例 并不多：決して多くはない　并不知道：あまり知らない

并不是什么~：なんら~ではない

毫不~：少しも~しない（会話体の"一点儿也不~"に相当）

毫无~：少しも~がない（会話体の"一点儿也没有~"に相当）

便是~：ほかでもなく~だ（会話体の"就是"に相当）

只是~：ただ~するだけだ

总是~：いつも~だ

主要是~：主に~だ

无疑是~：間違いなく~だ

特别是~：特に~は

尤其是~：とりわけ~は（会話体の"特别是~"に相当）

甚至~：時には~ということさえある

如~：~のように

如此：このように（会話体の"这样"に相当）

如何：どのように（会話体の"怎么样"に相当）

为何：どうして（会話体の"为什么"に相当）

有何：どんな（会話体の"有什么"に相当）

所V：~するところの（動詞が名詞を修飾するとき、その前に置かれる）
- 例 所要求的：求めているもの　所带的班：受け持っているクラス

所有：（その範囲内で）すべての、あらゆる（cf."一切"は「無条件にすべての」）

所谓：いわゆる

如前所述：前述のとおり

前所未有：これまでにない

越来越~：ますます~だ

愈来愈~：ますます~だ（会話体の"越来越"に相当）

愈发：なおいっそう、ますます（"更加"と同じ）

随着~：~につれて

按照~：~に照らすと

消息称：情報によると~だ

据~消息：~の情報によると

为~／为了~：~のため
- 例 为~提供…：~のために…を提供する

作为~：~として

以~为…：~を…とする（"…"の部分には様々なものが入る）
- 例 以~为主：~を主とする　以~为基础：~を基礎とする　以~为

原则：~を原則とする　以~为多：~が多い　以~为代表：~を代表とする　以民为先：人民を優先する　以人为本：人を基本とする

赖以~：~を頼る、~するための拠りどころとする

数以~计：~で計る、~に上る（この"计"は「計算する」）

加以~：~する、~を行う
- 例 加以限制：制限する

难以~：~するのが難しい
- 例 难以为继：継続するのが難しい

处以~：~に処する
- 例 处以极刑：極刑に処する

对~／对于~：~について、~にとって

对~而言：~にとっては（会話体の"对~来说"に相当）

对于~来说：~にとっては

对~进行…：~に対し…を行う

对~感兴趣：~に興味を持つ

对~具有…：~に対して…を持っている

于~：~より（比較を表す用法）
- 例 重于~：~より重い　大于~：~より大きい　快于~：~より速い

于~：~に、~で（動作・行為のなされる場所・時点・範囲を導く）
- 例 分布于~：~に分布する　深植于~：~に深く根づく　散见于~：~に散見される　限于~：~に限られる　在于~：~にある　处于~：~にいる　位于~：~に位置する

于~：~から（起点・原因を導く）
- 例 源于~：~から生まれる　归因于~：~を理由とする　得益于~：~のおかげである

于~：~に（対象・方向を導く）
- 例 服务于~：~に奉仕する　等同于~：~と同一視する　矢志于~：~を志す　有助于~：~に役立つ　有利于~：~に資する

地：動詞の修飾語を導く助詞
- 例 自然而然地：おのずと~する　极大地~：極めて~する　习惯性地~：習慣的に~する（~するのが習慣となっている）　深刻地~：深く~する　激动地~：感激して~する

程度を示す単音節の副詞＋"为"で同じ意味のまま2音節化
- 例 尤为：とりわけ　较为：比較的、わりと　极为：極めて　最为：最も　更为：さらに

"偏"＋形容詞：~すぎる
- 例 偏少：少なすぎる　偏远：辺鄙な

"再"＋形容詞：たとえどんなに~でも
- 例 再好：どんなに立派でも　再多：どんなに多くても

"乱"＋動詞：むやみに~する　やたらと~する
- 例 乱扔：むやみに捨てる　乱收费：みだりに費用を徴収する　乱改：やみくもに改める

得到~／受到~：~を得る、受ける（後ろに本来は動詞で使える語を置いて「~される」と受け身を示す）
- 例 得到缓解：緩和される　受到谴责：糾弾される　受到重视：重視される

V＋着：状態が持続していることを示す
- 例 占据着：占めている　扮演着：演じている　面临着：直面している　存在着：存在している　保持着~：~を維持している

V_1着＋V_2：V_1しながらV_2する
- 例 打着旗号谋取…：大義名分を掲げながら…を得る　伴随着~开始…：~に伴って…を始める　跟着~来北京：~に従って上京する

【補語】
● 結果補語

1音節動詞＋"有"：動作の結果、存在する状態が持続していることを示す
- 例 患有~：~を患っている　拥有：擁する　具有：具わっている　设有：設けてある　载有：積んでいる

V＋为：動作の結果、何になるかを示す
- 例 成为~：~になる　称为~：~と呼ぶ　定位为~：~と位置づける　确定为~：~に確定する　变为~：~に変える　沦为~：落ちぶれて~となる、~に成り下がる

V＋好：動作が満足すべき状態に達したことを示す
- 例 管好：きちんと管理する　保护好：きちんと保護する　做好：しっかり行う

教好书：ちゃんと授業をする。"教书"で「学生に教える」

育好人：きちんと人材を育成する。"育人"で「人を育てる」

V＋到：動作の結果、目的が達成さ

れる・動作が到達することを示す
例 见到：目にする、目撃する　読到：読み取る　看到：目を向ける、認識する　来到：到着する　受到：受ける　得到～：～を得る　达到～：～に達する　想到：思いつく、考えがおよぶ　认识到～：～と認識する　了解到：耳にする、理解する　降到～：～に減少する　提高到～：～まで引き上げる

V＋"在"＋場所：動作の結果、そこに定着することを示す
例 生活在～：～に生活する、暮らす　长在～：～に生長する、育つ　掌握在～：～に握られている　维持在～：～に保たれている　活跃在～：～で活躍している　出现在～：～に現れる　走在～：～を歩む　投在～：～に投じる　分布在～：～に分布している

找准：正確に見つける（"准"は「正確に、確実に」という意味を示す結果補語）
做完：やり終える、成し遂げる（"完"は結果補語「～し終わる」）
变成～：～に変わる、～に変える（"成"は変化して別のものになることを示す結果補語）
冲走：押し流す（"走"は元の位置から離れることを示す結果補語）
带走：連れて行く
留下：残す（"下"は動作の結果が残ることを示す。日本語の「～しておく」）
过上生活：生活を送る（"上"は目的・標準に到達する意味を示す）
赶上：（ある状況に）めぐり合う、出くわす（"上"は離れていたものがくっつくことを示す）
抓住：捉える（"住"はしっかりと固定し定着することを示す）
撞死：ぶつかって死ぬ（"死"は動作の結果死んだことを示す）

● 様態補語
V 得快：V するのが速い
说得最多：最も多く話す
差得很远：はるかに及ばない（"差"は「隔たりがある」）
花得～：～のように費やす

● 可能補語と可能補語型の慣用句
看不起：軽蔑する、見下す（"V 不起"は対象者がその動作を受けるに値しないことを表す）
顾不上：する暇がない、かまっていられない（"上"は「追いつく」）

谈不上：語れない
离不开：離れられない（"开"は「密着状態から離れて空間ができる」）

● 方向補語
哺育出：育成する（"出"は出てくることを示す）
表露出来：現れてくる（"出来"は中から外に出てくることを示す）
说出名字来：動詞"说"が方向補語"出来"を伴い、目的語"名字"を取った形
成长起来：成長し始める（"起来"は動作が始まり持続していくことを示す）
搬回：戻す（"回"は「元の場所へ戻る」という意味を示す）
活下去：生きていく（"下去"は動作をやめずに続けていくことを示す）
滴下来：したたり落ちる（"下来"は高いところから低いところへ降りてくることを示す）
掉进：落ちる（"进"は外から中へ向かうことを示す）

【 常用四字句 】
成家立业：所帯を持って独立する
沧海桑田：滄海変じて桑田となる（世の中の移り変わりが激しいこと）
畅所欲言：言いたいことを遠慮なく言う
不言而喻：言わなくともわかる、言うまでもない
寸步难行：寸歩も進みがたい、動きが取れない
刻不容缓：一刻の猶予もならない
古往今来：昔から今まで
不胜枚举：枚挙にいとまがない
一帆风顺：順風満帆、万事順調である
方兴未艾：真っ盛り（今まさに発展の最中にあって、その勢いが未だ衰えない）
堂而皇之：堂々としている
有条不紊：整然と秩序立っている
聚精会神：精神を集中する
一心一意：ひたすらに、わき目もふらず
认真对待：まじめに対処する
感人至深：人を深く感動させる
取之不尽，用之不竭：取っても使っても尽きることがない（無尽蔵であること）
前所未有：これまでにない、未曾有の
总体来讲：総体的に言うと（"~来讲"は会話体の"~来说"と同じ）

总的看来：総体的に見れば
自然而然：おのずと、ひとりでに
不见好转：良くなる兆しが見えない
泪眼汪汪：目から涙があふれ出んばかりの
供不应求：供給が需要に追いつかない
沿街乞讨：通りに沿って物乞いする
至关重要：極めて重要である
深恶痛绝：深く憎み徹底的に嫌う
令人心痛：心を痛める（"令人~"は使役文で"人"は不特定多数の人を指す）
走在前列：先駆けになる
口传身授：口で伝え身体で伝授する
必不可少：欠くことができない
医治无效：薬石効なく、治療の甲斐なく
一己私利：自分一人の利益
供给充足：供給が十分だ
旧伤复发：古傷が再発する
直抹眼泪：しきりに涙をぬぐう
必由之路：避けては通れない道
三五成群：三々五々とかたまって
以民为先：人民を優先する
以人为本：人を基本とする
天长地久：（天地のように）永遠
耳目一新：目にする、耳にするものすべてが新しい
尚待解决：まだ解決されていない
息息相关：切っても切れない関係にある
如前所述：前述のとおり
了如指掌：精通している
世外桃源：桃源郷
洪水猛兽：恐るべき厄災の例え
适得其反：まさにその逆で、逆効果で（予想とは反対の結果を言う）
总体而言：総じて言えば
亲眼目睹：目の当たりにする
慕名而来：評判を聞いてやってくる
截至目前：現在までに
德高望重：人格高潔で名声の高い
念念不忘：片時も忘れられない
有喜有忧：一喜一憂
见义勇为：正義のために勇敢な行動をする
自强不息：たゆまず努力する
奋勇争先：勇気を奮い起こして先を争う
英雄壮举：英雄的な行為
感人事迹：感動的な事績

解答例とワンポイント解説

Level 1

基礎問題

1. インドは雨季に入った。
   ○直訳は「インドの雨季がやってきた」。"的"は、たいていの場合"的"の前に修飾語、"的"の後に修飾される名詞があります。文の構造を見分けるヒントです。
2. 新疆は資源が豊富に集中している地域である。
3. データは最も説得力がある。
4. 結局のところ、生活はテレビドラマではない。
5. 彼は一つひとつのことに真面目に対処する。
6. 今の若者は幸せだ。
   ○単に「幸せだ」なら"很幸福"ですが、"是幸福的"というと主観的判断を下したり、確認したりするニュアンスになります。
7. 信用は金融業務の要諦である。
   ○"诚信"は「誠実で信用を守る」ですが、このとおり訳すと冗長なので文脈を見て適当なものにしましょう。
8. 韓国政府はアニメ産業を強力に支援している。
9. 腐敗は文明社会のガンである。
10. 村医者1人当たりの毎月の収入はおよそ2947元である。
    ○"为 wéi"は"是"と同じ働きをする論説体です。
11. 朱健康は文字通り貧困家庭の子弟である。
12. 都市と農村の義務教育はすべて無料化を実現した。
13. 赤はイギリス国旗の色の1つである。
14. 近年、プリペイドカードによる消費が急速に伸びている。
15. 承徳のバナジウム資源の備蓄量は全国の40%を占める。
16. 医療サービスのコストはいったいいくらなのか。
17. 中国はすでに世界第二の経済体に成長している。
18. 寧波港には330の工業原材料専用のバースがある。
19. 濰坊市は、世界的に凧の都として有名である。
20. 我が国の公共就業サービスシステムは依然として不完全である。
    ○主述述語文です。「我が国の公共就業サービスシステムは」とも「我が国は公共就業サービスシステムが」とも訳せます。
21. 我が国の東部・中部地区の面積は、全国のわずか4分の1を占めるにすぎない。
22. 上海市のロボット産業の規模はすでに60〜70億元に達している。
23. 現在、全国の農村の両親不在児童はおよそ5800万人いる。
24. 以前多くの農村の小学校には音楽・体育・美術の教師がいなかった。

練習問題

25. 紹興県は紡績業によって栄えている。
26. 経済発展が目指すところは国民生活の改善である。
27. 彼らは企業誘致活動を絶えず強化している。
28. この森は一度も火災に見舞われたことがない。
    ○"这片森林"は「この森」としか訳せませんが、ここでの"片"は一面に広がっているというニュアンスのある量詞です。
29. 国外では2万人に1つの図書館がある。
30. 難関に直面し、私たちはどう対応すべきか。
31. ブラジルの金備蓄の増加幅はとくにめざましい。
32. この世には全く同じ2枚の木の葉はない。
    ○数量詞"两片"は名詞の修飾語の前に置かれます。
33. 恵州は急速に発展している工業都市である。
34. 経済発展は人々の生活水準に関わる。
35. 中国人の命運は自らの手に握られている。
36. 大学とは、人生の理想に向かって邁進するための給油所である。
    ○まず文の骨組みが［A是B］であることに注意しましょう。また、"的"があるので修飾語と被修飾語もわかります。ややこしい文に見えますが、"大学是加油站。"にいろいろな飾りがついているだけです。
37. 文芸作品は農村からの出稼ぎ労働者層を軽視してはならない。
38. 村の人たちはむやみにゴミを投げ捨てない習慣を身につけた。
39. 家庭を持ち経済的に独立することは青年期の最

も重要な課題である。
40. 男女比率の不均衡は我が国の人口資質の向上に影響する。
   ○"人口発展"は「人口の発展」では不自然なので、「人口資質の向上」と意訳しています。
41. 観光は徐々に普遍的な国民的ニーズになっている。
   ○"旅游"は個人なら「旅行」ですが、産業としては「観光」のほうが自然です。
42. タイ社会は依然として深刻な社会の分裂に直面している。
43. 膨大な高齢者層は得がたい資源でもある。
   ○"庞大的老年群体"がこの文の主部です。主部が長いときには［，］で区切る場合があります。55. も同じです。45. のような文の意味の切れ目とは区別しましょう。
44. どの時代にも新たな使命や新たな理想がある。
   ○点の形が［、］になっていることに注意。［，］なら文の切れ目ですが、［、］は「AとBと……」という並列です。ここでは"新的使命"と"新的理想"が並列されています。
45. 安徽省の歴史は悠久であり、戯曲に関わる資源が豊富である。
46. 天津は資源エネルギーの比較的乏しい都市である。
47. 鞍山市は東北地区最大の鉄鋼業の街である。
48. 立派な人一人ひとりがみんな道を示してくれる灯りである。
49. キューバでは、住民の大病入院費用は全額免除される。
50. 民族音楽は我々の音楽創作の最も豊かな土壌である。
51. 多くの有力な詩人が現在の詩壇の中核を構成している。
52. 国際貿易は世界経済成長の重要な推進力である。
53. 中国の二酸化炭素年総排出量はすでに70億トンを超えている。
54. シミュレーショントレーニングは我が軍の飛行訓練の重要な構成部分になっている。
55. 司法の能力向上が中国司法改革の重点目標である。
56. 1980年代、フランスの芸術の殿堂であるルーブル美術館は改造工事を行った。
   ○"上世纪80年代"はそのまま日本語にするより「1980年代」とするほうが自然です。

実力問題
57. 間もなく正月が来るし、春節もすぐにやってくる。
58. 日本は今にいたるまで、第二次世界大戦の歴史を決して正しく認識していない。
59. 李雪英は姉が果たせなかった願いを実現した。
60. 王進喜は人々を深く感動させる名言を多く残した。
   ○"留下"の"下"はもともと方向補語ですが、「取っておく」「保存しておく」ことを示す結果補語になっています。
61. 発展は依然として我が国のあらゆる問題を解決するキーポイントである。
62. 我が国のナタネの栽培地域は長江流域に広く分布している。
63. エネルギーの対外依存度が大きすぎると、エネルギーの確保が危うくなる。
   ○"能源安全"は「エネルギーの確保」と意訳してあります。
64. 弁護士の役割は訴訟活動への参加のみに限定されるものではない。
65. 我が国の農村医のレベルを一定程度まで引き上げねばならない。
66. 毎年初冬はちょうど兵士募集活動が活発に行われる時期である。
67. 中国のSF文学はいまだに文学としての位置づけを見出していない。
   ○"找准"は「探究して（その結果）正確になる、確定する」という意味を表します。
68. 一部の若い士官と兵士はかつて見たこともない悲惨な情景を目にした。
69. 太陽エネルギーは汚染がなく、無尽蔵で、使ってもなくならない。
70. 婁底市は後進地域であり、資源枯渇型都市でもある。
71. 総じて全国の地下水の水質状況は楽観を許さない。
72. カルチャー産業は大衆産業であり、特色を強く出しすぎてはならない。
73. 公共衛生サービスシステムはかつてない試練に直面している。
74. エジプトは毎年、ナイル川の水の恵みを555億立方メートル受けている。
75. 書道作品の個性はおのずと表れるものである。
   ○"自然而然地"の"地"は、後の動詞を修飾することを表します。「自然に～する」。

解答と解説

76. 舟山港周辺には、開発し港湾を建造するのに適した水深の深い海岸線が54カ所ある。
77. 我が国が毎年無駄にしている食糧は5000万人が1年間食べるのに充分な量である。
78. 商河県は農業県であり、都市化の進展を速めることが急ぎ求められている。
79. 李鳳英は重い便秘で、注射しても薬を飲んでも良くならない。
80. 山西省は黄土高原に位置し、降雨量が極めて少なく、風砂が激しい。
81. 技術市場は科学技術計画の成果を実用化する重要なルートである。
    ○"转化"は、"科技成果"について言う場合「実用化する」「事業化する」と訳すことが定着しているようです。
82. 農村が安定し発展しようとするならば、鍵となるのはやはり人材問題である。
83. あなたが逝ってしまい、涙にくれた妻と4歳になる男の子が残された。
84. 一時的な困難はそれほど怖くはない。怖いのは夢を捨て去ることだ。
85. いわゆる"老板"とは、多くの場合、商店や工場等の所有者を指す。
86. 企業は優れた仕組みを持ち、一流の人材を取り込むべきである。
87. 冬を迎えて、多くの大都市の大気状態は良かったり悪かったりである。
88. 22歳まで、熊朝忠さんはボクシングの本格的トレーニングに接したことはなかった。
89. 2015年には、我が国の知的財産権創造能力は明らかに高まっている。
90. 西寧市は1年間の生ゴミ処理費用だけで1500万元かかる。
91. 北極地域における未開発の石油・天然ガス資源は、全世界の埋蔵量の5分の1を占める。
92. 辰は十二支の5番目に位置し、唯一架空の動物である。
93. 現在、国内産天然ガスは市場のニーズを満たすにはほど遠い。
94. 今年になって、警察犬分隊はすでに空気銃の銃弾1196発を押収した。
95. 企業の生産コストの増加は、必ず物価水準全体の上昇をもたらす。
96. インターネットの出現は、人々の知識獲得の敷居を極めて低くした。

Level 2

基礎問題
1. 制度は技術より重要である。
2. 青春はいつだって理想を伴うものである。
3. 歳月は流れる水の如し、蒼海変じて桑田となる。
4. 財テクをしないと、財産に見放されてしまう。
5. いかなる革新もすべて思考から生まれる。
6. 政府の目標と任務はますます多くなった。
7. 中国の台頭は誰にも抑えようがない。
8. 農民に不足しているものを幹部は学ぶ。
9. 信義は天より大きく、責任は黄金より尊い。
   ○論説体の比較"大于天"と会話体の比較"比金贵"が一緒に出てくる例です。
10. いかにして食品の安全問題をしっかり管理するのか。
11. あなたは古典詩詞から何を読みとりましたか。
12. 社会保険は商業保険とは異なる。
13. 考え方の活性化は言いたいことを思う存分言うことから始まる。
14. 改革が行われているところは、どこも新しい雰囲気がある。
15. 中国将棋は中国の伝統文化に深く根差している。
16. 国家の災害救援資金は民生部門に重点を置く。
    ○日本語の「民政」は民主政治、文民政治の意味なので、民衆の生活に関する行政は「民生」のほうが適切です。
17. 労働力が供給不足で、賃金の上昇が速い。
18. 一銭一銭のお金をいかに適切かつ有効に使うか。
    ○"花钱花得～"の1つ目の動詞"花"が省略された形になっています。
19. 春に種を蒔いた者が、秋に刈り取る。
20. ブラジルはサッカー王国としてその名に恥じない。
21. どうすれば、障碍者が尊厳を保って生活できるようになるのか。
22. この世の万物は自然から付与されたものである。
23. 有機米と遺伝子組み換え米にはどんな違いがあるのか。
24. 我が国では約1億2000万人がB型肝炎のウイルスを保有している。

練習問題
25. みなが芸術を学びたいと思うのはなんら悪いことではない。

○"人人"のように同じ名詞を2つ重ねると、「すべての～」を表します。
26. 経済が発展すればするほど平和的な環境が必要となる。
27. 石油の価格高騰が消費者に与えるプレッシャーは言うまでもない。
28. 被災民が街を回って物乞いをするのは、生きていくためである。
○"下去"「下りていく」という具体的な方向補語が、抽象的な「～していく」という意味を表すようになったものです。
29. 上海を出発して山東省の駅に着くまで、どこも人でいっぱいだった。
○"是"は「～である」だけでなく存在も表します。"到処都是人"で「到る所に人がたくさんいる」という意味です。
30. 金融の革新がなければ、イノベーションはにっちもさっちもいかない。
31. 日照市は、文化が末端レベルで根付き芽を出すよう取り組んでいる。
32. 中国の醸造酒が発展するには革新が必要である。
33. 証人が出廷することは法廷審理の質的向上にとって極めて重要である。
34. EU諸国における中国からの留学生数は23万人余りである。
○数量詞述語文です。動詞が省略されています。
35. 2億3000万人という流動人口はどこから来てどこへ行くのか。
36. もし品質の裏付けがなければ、販売は詐欺となる。
37. ますます多くの中国企業がベトナムに進出し市場を開拓している。
38. 道徳面での批判は同時に批判における道徳性を考慮しなければならない。
39. 中国は中日韓の協力を極めて重視し、積極的に関わっている。
40. 多くの人は「どのような暮らし方がすばらしいのか」あまりわかっていない。
41. 中国映画は量の拡大から質の向上へと変わらねばならない。
42. 金融は本来実体経済に奉仕するものである。
43. 公共の文化施設は、適切に建設するだけではなく、きちんと利用しなければならない。
44. 産業の発展は厚みのある文化を基礎としなければならない。
45. 水道水の水質の情報公開は明らかに依然かなり遅れている。
46. 拘置所は病気になった被拘留者をすみやかに治療しなければならない。
47. 世界経済に対する中国の貢献率はすでに20％にまで上昇している。
○"提高到20%"は「上昇して（その結果）20％になる」ですが、結果補語の"到"がなく"提高20%"であれば「20％上昇する」です。きちんと区別しましょう。
48. 昨夜の突然の大雪で、道路脇の多くの樹木が雪の重みで折れた。
49. 医者にかかりづらい、診療代が高いという問題は、大幅に緩和された。
○この"得到"は後ろに本来動詞で使える語を置いて「～される」と受身を示します。
50. 山の上に樹木があり、ふもとに道があってこそ、農民は豊かになれる。
51. なぜ今の大学生はもう囲碁に興味を持たなくなったのか。
52. 陝西省は全国高速道路交通の中心的な省に定められた。
53. 都市の名称はしばしばその街の歴史とつながりがある。
54. 私たちの仕事場の職員に対しては、政府から一括して給与が支給される。
55. 利益を出し続けることは、企業がみずからに対して負う経済的責任である。
56. 人々が生存に必要とする飲用水の水源をきちんと保護するには一刻の猶予もならない。

実力問題
57. 中国人はこれまでずっと家庭に対して深い愛情と愛着を持っている。
58. 陸軍は地域防衛型から全域機動型へ転換しつつある。
59. 無錫市は「魅力ある無錫」の創造をたゆまず追求している。
60. いかなる公的メディアもメディアとしてのボトムラインをしっかり守るべきである。
61. 天気が暑くなるにつれ、ひき肉あんの消費期限はますます短くなる。
62. ドイツはイランが原子力エネルギーを平和利用するために技術支援することを望んでいる。
63. 政府のあるウェブサイトは、2、3年間ブランクのままで、相手にする者も管理する者もいない。
○"理"は「構う、相手にする」、"管"は「管理

解答と解説

する」。それぞれ後ろから"人"を修飾し、それが"没"「いない」なので、「～する人がいない」となります。
64. ピラミッドの高さは、基底部の大きさによって決まる。
65. 小説を書く人は人里はなれた閑静なところで暮らすべきである。
66. 米中間の不信度は強まっており、和らいではいない。
67. 現在世界では、海外の高級人材に対する獲得競争が日増しに激化している。
68. 北京市王府井のビジネス街は「中国第一の通り」と言われている。
69. 保険加入者は、保険業が生存と発展の拠りどころとする基盤である。
70. 中国の消費市場はASEANの経済発展に原動力を与えることができる。
○"为 wèi～提供…"は「～のために…を提供する」。
71. 重慶市のある麺類店経営者は、清掃労働者に朝食と昼食を無料で提供している。
72. 現在、彼の毎月の賃金は3200元であり、広東にいるのとほとんど変わらない。
73. 著作権法修正草案のパブリックコメントの募集が終了する。
○"将～"「～する」に注意。これから起こることを示します。
74. 不正な風潮として、みだりに費用を徴収する現象は深く憎まれている。
75. 慈善とは献金をどれだけするかではなく、気持ちなのである。
○"在于～"は「～にある」で、それが否定されているので「～にはない」です。
76. 教育とは人材養成事業であり、改善しなくてはならないが、やみくもな改善であってはならない。
77. 目下、全国各地で行われているマラソン大会数は数十大会に上る。
78. 北京市で走行している北京自動車の新エネルギー車はすでに5000台になる。
79. 長江沿岸の一部の地方で長江イルカの死亡事件が発生し、憂慮される。
80. 地方劇は依然として国から地方までの政策の指導と支援を必要としている。
81. 昔も今も、自らのうわべを飾るための詐称行為は枚挙にいとまがない。
82. 我々は旅行を通して平和・友愛を実現し、摩擦を減らすことができる。
83. アモイからほど近いところに、緑に映える海に浮かぶ島、東山島がある。
84. 今年の冬は記憶しているどの年よりも急に寒さが強くなった。
85. 結局のところ、環境衛生関連の仕事は汚くてきついし、そのうえ人に見下されることもある。
○"有的人"は「ある人、一部の人」という意味です。
"看不起"は可能補語の形をとりますが、「馬鹿にする」という慣用的な表現です。
86. アメリカの新軍事戦略において、インドは「戦略的パートナー」と位置づけられる。
87. 1912年5月、魯迅は紹興から北京に来て、教育省に勤務した。
88. 公共資源類の製品は公益性を有しており、通常の製品と同一視してはいけない。
89. メニエール病患者の食事は、栄養豊富なこと、新鮮であっさりしていることが原則である。
90. 授業は教師の基本的な職責であり、しっかりとした授業をしてこそ、人をきちんと育成できる。
91. 総体的に見れば、我が国の輸出の伸び率は、今でも世界の平均伸び率より明らかに高い。
92. 私はこれまで人より賢いとか、運がいいとか思ったことがない。
93. 国内の小排気量車の技術は、ヨーロッパや日本と比べてかなり大きな隔たりがある。
94. 彼らは、毎週木曜日はいつも夜9時まで残業することになってしまい、食事どころではないときもある。
○"周四"は"星期四""礼拝四"と同じ意味です。ほかの曜日も同じように言います。
95. 10月21日夜から、吉林省の広い地域がみぞれ模様の天気になる。
96. 石家荘市は全国の再生資源回収・利用システム構築で先駆けになっている。

Level 3

基礎問題

1. 戯曲は口頭で教え身振りで伝える伝統芸術であり、若い俳優の成長には師匠の教えが欠かせない。
2. スポーツ界のスーパースターの成長は順風満帆

にいくはずがなく、苦難・挫折・鍛錬が欠かせない。
3. 今後、我が国の海洋権益をめぐる対立の様相はさらに複雑となり、任務もさらに困難なものになると予測される。
4. ある国が先進国か後進国かを判断する指標はいろいろあるが、そのうちの1つが公的文化事業である。
5. 中国囲碁界の長老、陳祖徳氏は、膵臓がんにより、治療の甲斐なく、1日の夜8時45分、北京で亡くなった。
6. 日本のある会社が最近、「ノア（の方舟）」と呼ばれる小型カプセル救命ボートの販売を始めた。
○日本語の「近日」は未来のことにしか使いませんが、中国語の"近日"は過去のことにも使うので、文脈で適切に訳し分けましょう。
7. 今年の国家財政による教育投資は去年より5800億元余り増え、しかも職業教育を保障することに優先的に使われる。
8. 現在、我が国にはまだ専門的な反DV法がなく、関連する法律規定は多くの法律法規に散見される。
9. 民間組織あるいは個人のなかには、自分の利益のために、慈善・公益に名を借りて不当な利益を貪るものがいる。
○ちょっと入り組んだ構造ですが、"打着~的旗号謀取…"で「～の旗印を掲げて…を貪る」です。
"一些"は「いくつかの」ですが、「～するものもある」と訳すこともできます。
10. 不動産市場の抑制に言及したとき、姜偉新氏は、現在のところはまだ不動産市場に対する抑制策を緩和するつもりはない、と表明した。
○中国語の"表示"は人が「表明する」。"表明"はデータなどが「表す」です。
11. アメリカ連邦政府は現在巨額の財政赤字圧力に直面しており、アメリカの医療状況を短期間に改善することは依然として困難である。
○"難V"で「Vしにくい」という意味です。「Vしやすい」は「好V」と言います。
12. 記者は取材中に、万にも上る国家基準の中で、一般消費者がその名を言えるのはそれほど多くないことに気づいた。
○"说出名字来"は動詞"说"＋方向補語"出来"に目的語"名字"が入った形です。
13. 6月20日、四川省宣漢県で第1回新農村ドラゴンボートレースが開催され、36のチームが激しい戦いを繰り広げた。
14. 我が国住民の電気使用は逆ピラミッド型の特徴を示しており、電気使用が比較的少ない3分の2の家庭は、全体の3分の1の電気を使用しているだけである。
○"用电"は動詞＋目的語構造になっているので、"用"と"电"の間に修飾語が入ることもできます。
15. 平遙古城は、我が国国内で、現在保存状態が良い明清時代の県城であり、極めて重要な歴史文化財としての価値を持っている。
16. 睡眠呼吸障害疾患の主な症状は、夜間にいびきをかき、その上いびきの大きさにひどくむらがあり、途中で途切れることもあるというものだ。
17. 企業にとって、社会的責任を履行し公益事業を行うことは長期にわたるものであり、1日で達成できるものではない。
18. 今年上半期、4種の主要汚染物の排出は減少し、そのうち化学的酸素要求量は2.11％減少、二酸化硫黄は2.72％減少した。
19. 上海国際金融センターの建設は、金融が実体経済に貢献し、上海が全国に貢献する能力を大幅に向上させた。
20. 企業経営者は、現在人類社会が直面している生存と発展の危機は本質的には資源の危機であることを見るべきである。

練習問題
21. 実際は、2010年以前、中国の安いレアアースが長期間全世界の市場に供給され、安いレアアースは一時期十分に供給されていた。
22. ある「都市発展サミットフォーラム」の予算申告額は1000万元であったが、基準に沿って見直された結果、61万元にまで大幅にスリム化された。
23. 現在の世界は開かれた世界であり、いかなる分野の進歩も互いに交流し協力し合い、互いに学び教え合うことと不可分だ。
24. カナダの法律では、満18歳以上の成人でなければタバコを買うことができず、青年がタバコを買う場合には年齢を証明するものを提示しなければならない、と規定している。
○"~才能…"「～して初めて…できる」は逆に「～でなければ…できない」と訳すほうが自然なこともあります。

解答と解説

25. 中国の女子バレーは「団結・敢闘・進歩」の精神的シンボルであり、選手たちは国民の心の中で特別な位置を占めている。
26. ワシントンに来たら、ホワイトハウス・国会議事堂・ワシントン記念塔・リンカーン記念館・ジェファーソン記念館を見学すべきである。
27. アップル社の株価は9月21日にこれまで最高の705ドルを記録して以降、この2カ月の累計下げ幅は25％以上となっている。
28. 電子商取引はショッピングにおいてますます重要な役割を演じており、ネットショッピングはまさに発展中で、売上高は絶えず増加している。
29. 欠陥自動車製品に対するリコールには期限があり、期限を超えた欠陥自動車製品に対して、生産者はリコールを実施しなくてもよい。
30. 米国南カリフォルニア大学付近で11日未明、発砲事件が発生し、同大学に通っていた中国人留学生2名が不幸にも犠牲になった。
31. アメリカのホワイトハウスが8日発表した報告によれば、アメリカ製造業の回帰傾向は明らかで、多くの企業が生産ラインをアメリカへ戻す選択をした。
32. ここ10年間、我が国は世界でも最大規模の都市化のプロセスを経験し、都市化率は年平均1.35ポイント増加している。
33. 今年の技術革新大会では、企業が技術革新の主体と定められた。これは、我々企業の研究開発に携わる者にとってまことに朗報である。
34. どの職業にもその職業としての責任があり、困難があり、貢献できるものがある。
   ○中国語で同じ表現が何度も繰り返されることはよくありますが、煩雑になるので訳さなくても構いません。
35. 我々はもともと文学批評について豊富な資源と伝統を有しており、我々の文学批評はそれほど外国人の理論に依存する必要はない。
36. 過労により古傷が再発した朴航瑛は授業中に豆粒大の汗を流し、生徒の中には心配でしきりに涙を拭く者もいた。
37. 崑山はもともと農業県であり、経済基盤が弱く、1980年代における工業生産額は当時の蘇州市6県の中で最も少なかった。
38. 1903年にライト兄弟が人類史上初の飛行機を発明して以来、航空輸送はすぐに最も速い輸送手段になった。
39. 鄭州鉄路局は2008年から巨費を投じ、鄭州北駅建設以来最大規模の環境整備を行った。
40. ドイツでは、いかなる人であれ、公の場でナチスのマークを展示したり、ナチスによる大量虐殺を否定したりすると、どちらも世論の非難を受けることになる。
41. 融合はアジア・太平洋の経済が内生的成長を実現するためになくてはならないものであり、革新はアジア・太平洋経済がより高度な成長を実現する力強いサポートである。
42. 世界の3400万人のエイズ感染者のうち、半数近くは自分がウイルスに感染していることを知らずにおり、これがエイズの予防・治療に影響している。
43. 一部の農村地域では、包装が本物そっくりで、値段が安く、品質が粗悪なニセモノ食品が自由市場で堂々と飛ぶように売れている。
44. パピルスはナイル川の泥や沼沢の中で育つ高い草丈の植物であり、用途は広く、最大の効能は紙にすることができることである。

実力問題
45. 環境バランスを解決するという面で、パリは生物多様性の保護と発展を強調し、セーヌ川と運河の沿岸に生態回廊を整備した。
46. 1980年代初め、テレビが日増しに普及するにつれ、新劇は未曾有の危機に直面し、観客は激減、人気も衰えた。
   ○"市場"は、演劇の「市場」ではおかしいので、「人気」と意訳しています。
47. 衛生部門の統計によれば、我が国の新生児脳性麻痺発病率は0.3％で、現在の患者数は全国で約500万から600万人である。
48. 預金者の便宜を図るため、山東省聊城市茌平県は今年、各郷や鎮に24時間サービスのATMを設置し、人々がいつでも現金を引き出せるようにした。
49. 我が国の財政収支総額はかなりの額になるが、1人当たりの平均収入と支出レベルは低く、世界的には100位以下にランクされている。
50. スポーツ産業は複合型の産業であり、スポーツに通じ、経済を理解し、サービスが上手で、経営にたけ、管理ができる数多くの複合型の人材を必要としている。
51. 現在では、国家文物局の審査承認がなければ、故宮・長城・避暑山荘などの世界遺産で勝手に映画やテレビドラマのロケを行うことはできな

くなった。

52. 1カ月にわたる試行を経て、広東省のネットオフィスは10月19日に正式にオンライン化され、63％の事務がネット上で処理できるようになった。
53. 日本の幼稚園では、毎日の着衣や着替えなどを通じて、子供の一人で生活する能力を鍛え、物事をきちんと行う習慣をつけさせている。
54. 村での生活がすでに数十年になるおじは、この10年間の生活状況に話が及ぶと、最も多く口にする言葉は「本当に大きく変わった」だ。
55. 毎日早朝、軽快なホイッスルの音が響きわたると、四川省安県高川郷の人たちは三々五々集まってきて早朝のジョギングを始める。
56. 日本側は事態の深刻さをしっかりと認識し、誤った決定をしてはならず、中国とともに中日関係の発展という大局を擁護しなければならない。
57. スポーツ選手は審判を尊重し、審判に従うべきである。しかし、熾烈な試合において審判が公正かつ正確に判定することは、スポーツ選手に対する尊重でもある。
58. 例年の動きでは、天気がしだいに暖かくなるにつれ、野菜は、生育が早まって大量に市場に出回る季節を迎え、値段は往々にして反落する。
○"規律"＝「規律」と飛びつかないように。ここは「法則」といった意味合いです。
59. プーチン氏は、ロシア文明はヨーロッパ文明の一部分である、と考えており、ロシアをヨーロッパの「平等なメンバー」にすることが彼の重要な外交理念だ。
60. 早くも2010年10月に開催された日本・ベトナム首脳会議で、ベトナム政府は、日本がベトナムのレアアース開発における長期的戦略パートナーになるであろう、と表明した。
61. この先3日間、寒気がしだいに東へ移動するのに伴い、強風・気温低下・雨や雪の天気が我が国の北方地区を西の方から東に向けて次々と見舞うことが予想される。
62. 中国経済は発展方式の転換を加速させ、核心的競争力を高め、汚染と消耗を減らし、国民に発展の成果をもっと分け与えなければならない。
63. 映画と文学の相互浸透は非常に魅力的であり、台湾映画が最も輝いていた時期は、おおよそ他の芸術との交流が最も深い時期でもあった。
64. ここ数年、国内の多くの地方は太陽光発電産業の発展を極めて重視しており、これを基幹産業と位置付け、かなりの規模となる発展計画を策定している。
65. 今年の7月21日、北京は猛烈な豪雨に襲われた。房山区の被害は大きく、趙さん夫婦のブタ1400頭余りが洪水で流された。
66. 消費者は自分の皮膚の特徴を知り、ラベル、マーク、成分表、注意書きをしっかり読み、自分の皮膚に合う化粧品を選ばなければならない。
○"A、B、C和D"の並列です。下の69.も同様です。
67. 1997年に香港が復帰した後、歴代の行政長官のオフィスにはすべて贈答品目録が設けられ、行政長官が公職の立場で受け取った贈答品が記録されている。
68. 我が国の社会保障制度はスタートがかなり遅く、大きな成果を収めたとはいえ、社会保障システム全体がまだ完全には整備されていないことをはっきり認識しなければならない。
69. 私たちが天同療養院に来たとき、ちょうど昼の食事時間で、老人たちの昼食はトリのももの煮込み、ホウレンソウ炒め、ジャガイモの千切り、トマトと卵のスープであった。
70. 私のふるさとは安徽省北部の小さな県都にあり、小さいころ、町の2つの劇場はもっともにぎやかな場所で、ほとんど毎週公演が行われていたことを覚えている。
71. ほとんどすべての脊椎疾病患者にはいずれも痛みが伴い、さらに臨床症状は複雑で、病因は多岐にわたるが、その中では過労による損傷や退行性変化による疾患が多い。
72. 一心に建設を進めることは間違いなく中国の国情を変える重要な手段であり、ひたすら発展を図ることは間違いなく時代が今日の中国に与えた重要な使命である。
73. 夜寝る前に、張蘭さんはネットショップの携帯用ユーザーサイトを開くのが習慣となっている。特に何か買いたいものがあるのではなく、この頃どんなセールをやっているのかをのぞくだけである。
74. EU統計局が31日に公表したデータは、ユーロ圏における今年6月の失業率が5月と同水準で、1995年以降の最高値である11.2％を維持していることを示している。
75. 農村における映画上映プロジェクトは、年間映画上映回数が延べ800万回、観客は延べ18億人を突破し、1村で1カ月に1回は映画を上映す

76. 5月10日の母の日を迎え、武装警察長春支隊の士官と隊員は長春市朝陽区永昌街道自治会恵民地区に住む80歳の董鳳蘭さんを自宅に見舞った。

Level 4

基礎問題

1. インターネットはよくバーチャル空間と言われるが、そこで活動しているのは依然として現実世界の人々である。
2. 現在中米交流は数多いが、真にアメリカ人に中国を理解させる有効な方法は決して多くはない。
3. 水はそれを最も必要とするところに常に現れるものである。例えば、干上がった河床、あるいは干天の慈雨を待ち望む耕作地などに。
4. 我々はいかなるときでも人民を優先し人を基本とすることを堅持し、人民が幸せで満ち足りた生活が送れるようにしなければならない。
5. 中国の現代・当代文学、特に小説作品を概観すると、労働を描写したものが少なくない。
6. スイスでは、たとえ百万、億万長者であろうと、銀行と税務署が知っているだけで、だれも財力を競い合ったりひけらかしたりしない。
7. 血友病の人にとって、薬は食糧のようなものであり、適宜補充すれば、正常な人と同じように生活できる。
○文中に、「〜のようだ」と「もし〜なら」の2つの意味の"如〜"が出てくる例です。文脈を見てどちらの意味か判断しましょう。
8. 氷雪災害により、我が国の一部の地方では発電用石炭の不足、電力供給の逼迫、さらには停電という事態が出現した。
9. 司法改革は必ず法に依拠して進めなければならず、同時に必然的に現行法律の規定を超えることになる。そうでなければ改革と呼ぶに値しない。
10. 山西省のエネルギー産業発展の喜ぶべき点は、発展が速いだけではなく、それ以上にエネルギー産業のモデルチェンジ・グレードアップの歩みが速まっていることである。
11. 基礎研究分野における自分の業績の話になると、呉縕は、学校がすばらしい支援の場を提供してくれたことを、まずその理由として挙げた。

○"归因于"は「〜を原因・理由とする」。

12. 油田開発には各民族大衆の理解と支持が欠かせず、それにもまして油田開発の成果は彼らに実益をもたらすものでなければならない。
13. 七夕の牽牛と織姫の切なくも美しい伝説は、中国人の永遠に変わらない愛情をかくも美しくロマンに満ちた物語へと仕立て上げた。
14. 車はいったん走らせると中古車になる。ドイツではどんなに新しい中古車でもすぐに20%値下がりする。
15. 時代の進歩と発展に伴い、以前は資源とはされなかった要素が、現在ではまさにこれまでになく重視されている。
16. 今年、各地の兵士募集における新しい動きは新鮮さを感じさせる。なかでも、大学生の中で湧き上がっている入隊ブームは気持ちをさらに高揚させる。
17. 彼らが顧客と締結したのは包括的な物流契約であり、品物を産地から顧客の指定する場所まで輸送するというものだ。
18. アメリカへの接近を選択し、しかも南シナ海問題で中国を挑発するフィリピンのやり方が、現在のフィリピンと中国の関係を冷え込ませる結果につながった。
19. リビアは元来、多数の村落と地方勢力からなるモザイクのごとく複雑に入り組んだ社会である。
20. 任平珍は、土地を収用された農民として企業の従業員年金保険に組み込まれ、毎月最高で937元の定年退職金を手にすることができる。

練習問題

21. 中国南山グループが今日の輝きを手にしたのは、まさに改革・革新によって解き放たれた巨大な生産力のおかげである。
22. 日本の各大手自動車メーカーは、中国における販売不振により生産量の下方修正をせざるを得ず、減産幅は9月を大きく上回った。
23. 医者がもし技術によって生計を立てず、薬を売ることによって生計を立てるのであれば、それは医者にとっての悲哀というだけでなく、社会にとっても悲哀である。
24. 作家の作品というものは書けば書くほどよくなるとは限らない。ある時代の作品も過去の時代の作品よりもよいとは限らない。
25. タンポポの花言葉は「留めることのできない愛」であり、言い伝えによると、紫のタンポポ

を見つけた人は完全な愛を得られるという。
26. 学校食堂の飲食の安全、特に貧困地域における栄養食計画はシステムプロジェクトであり、ただ資金を拠出するだけでは不十分である。
27. 国際社会は、中国の成長は先行きが明るいと見ているが、同時に中国が発展するプロセスで、いくつかの根本的問題がまだ解決されていないことにも気づいている。

○ "看好～前景"で「～の前途を有望視する」。それをさらにこなれた訳にしてあります。

28. 朝食の店は、どんなに立派な店構えであろうと、朝食のメニューがどれほど多かろうと、居住区から遠すぎれば、食事をするのに便利とは言い難い。

○ "方便"は「便利だ」という形容詞でもありますが、ここでは「便利にする」という動詞として使われています。

29. ヨーロッパの宇宙工業技術が世界のトップを走り、世界の宇宙市場ですこぶる競争力を持っているのは、欧州宇宙機関加盟国の一貫したサポートのおかげである。
30. アメリカではイスラム教徒は時にはテロリストとされたり、差別を受けたりすることがあるが、中国ではそのような先入観はない。
31. 単日強は高学歴ではないが、新しいことに興味津々であり、科学は「不可能を可能にする」ことができると信じている。
32. いかなる「害の少ない」タバコ製品に関する研究も、タバコが人体にもたらす健康被害を低下させたり減少させたりすることはできない。
33. 北京中医薬大学では、中国伝統医学を愛し、世界に中国伝統医学の文化を広めようと志す、決意のしっかりした継承者がますます多く出てきている。
34. 両岸関係の発展は中華民族の長期的な利益に関わるものであり、また海峡両岸の同胞一人ひとりの身近な幸福とも密接に関係する。
35. 盲導犬を立入禁止にすることは視覚障碍者の活動を制限することに等しく、視覚障碍者に公民としての最も基本的な権利を享受できなくさせるものである。
36. 前述のとおり、ここ数年、国外の中国学に対する我が国学術界の研究は、全体的論述から個別のテーマについて論述するまでに発展している。
37. 我々は、農業と観光を有機的に結びつけ、高原独自の先進的科学技術農業と生態レジャー観光業の発展を主導する。
38. 我々が論証する最重要課題は、どのような大型機を研究開発して独占を打ち破り、世界の大型旅客機市場を開拓するかということである。

○ この "以"は前文を受けて「～して、それでもって…する」。この構造は後ろから「…するために～する」と訳すと自然な訳になることが多い構造です。

39. 迅速な道路整備には資金調達が最も緊急を要する課題であり、より広い視野を持って「ボトルネック」による制約を突破しなければならない。
40. 人民元資産を増やすことは日本にとり画期的な新しい動きであり、日本の外貨準備がアメリカドルに過度に偏る現状を変えることに役立つ。
41. 現地時間の13日未明2時30分、フェリーボートがバングラデシュ南部でタンカーと衝突し、転覆した。
42. 医師と患者間のトラブルは、決して医師と患者との「個人的な恨み」ではなく、そこには深刻で複雑な経済的、社会的な背景がある。
43. 新中国の成立以降、とくに改革開放の新しい時期に入って以降、我が国の舞踏芸術は急速な進展を遂げた。
44. 宇宙飛行士の育成過程は長期にわたるものであり、地上においてすでに人工衛星の構造に精通し、操作手順に十分習熟していなければならない。

○ "了如指掌"は「掌を指すようによくわかっている」という意味の四字句です。助詞でない "了 liǎo"に注意しましょう。

実力問題

45. グリーンエネルギー建設のチャンスを先に摑んだものが将来の重要なポジションをいち早く占め、科学的発展の主導権を手中にする。
46. 中国側はルクセンブルクとの友好協力関係を発展させることを非常に重視しており、国際情勢がいかに目まぐるしく変化しようとも、この方針が変わることはない。
47. 中国が安定すればするほど、また発展が速ければ速いほど、ワシントンの一部の人々のやるせなさや苛立ちはますます強くなり、「人権カード」の切り方にも力が入る。
48. 司馬遷は宮刑に処せられ、屈辱をなめつくしたにもかかわらず、発奮して著述に励み、不朽の名作『史記』を書き上げ、漢の武帝の所業につ

解答と解説

いても憚ることがなかった。
　○"不为汉武帝隐恶"は「漢の武帝のために悪行を隠してやるようなことはない」です。よりこなれた訳にしてあります。

49. タバコ博物館見学後、喫煙は極めて有害であるとする見学者の割合は8割以上から5割未満に減少しており、マイナス効果が明らかである。
50. 両岸交流が自由になってから、「両岸結婚」はすでに32万組を超え、しかも毎年1万組以上のペースで増えている。
51. 我々は、自然を尊重し自然と調和・共存することでしか科学的発展と永続的発展を実現できないことを、ますます深く認識している。
52. 29日午前11時、パパイヤやトウガラシなど海南島の新鮮な果物と野菜を満載した貨物列車が、海口南駅を出発し北京に向かった。
53. 世界的範囲でまさに新しい科学技術革命と産業革命の機運が熟しつつあり、この分野で先に優位を占めたものが大きな発展のスペースを手に入れることになる。
54. 子どもは優秀な先生とより早くより多く接するほど、いち早く自分の興味を発見できる可能性が高くなり、成長する可能性はさらに大きくなる。
55. テレビ映画とは、テレビで放送される映画のことをいい、普通はテレビ局が製作するか、あるいは映画会社が製作したのちテレビ局に回されて放映される。
56. 人材はイノベーションの第一の要素であり、人材を広く集め、一人ひとりがその才能を尽くすことでのみ、イノベーション・創業および富の湧出を促進できる。
57. 英国外務省は25日、イギリスが現在、EU（欧州連合）に対して、温室効果ガスの排出削減目標を無条件に20％から30％に引き上げるよう、強く働きかけていることを表明した。
58. 中国は豊かな先見性を持ってアフリカと密接な関係を構築しており、アフリカの次なる発展のなかで中国は紛れもなく特等席を有する。
59. 日本のトヨタ自動車はこのほど、2015年からメキシコにあるマツダの工場を使用して自動車を生産するとともに、北米市場で販売を始めると発表した。
60. 中国の長い歴史の記載において、春秋戦国時代のように、詩がその時代の精神と気概を支えた時代はない。

　○"没有哪个时代像春秋战国那样"は、「どの時代でも春秋戦国時代のように〜した時代はない」という意味です。

61. 僕みたいな省都からやって来たよそ者は、農村の子どもと一緒にいるとき、彼らとまったく同じようになるまでよくいじめられた。
62. 文化産業を発展させることは、一種の経済行為であると同時に一種の公的サービス・公共財創出のプロセスであり、政府の強いサポートが欠かせない。
63. 仕事が忙しく、プレッシャーも大きく、毎日朝早く出勤し夜遅く帰宅し、家のことまでは気遣うことができないため、江山は妻から「「家のことはほったらかしの」立派な夫」と言われている。
64. 陳立は自分の身分を「クラシック音楽の普及者」と位置づけ、クラシック音楽というこのよき師よき友をより多くの中国人に紹介しようとしている。
65. 温家宝は上半期の経済対策関連状況を通達し、下半期の経済対策をしっかりと進めることについての中国共産党中央委員会・国務院の考えを説明した。
　○"通报"は上から下へ「通達する」という意味です。
66. 国家統計局が公表した情報によれば、8月の全国消費者物価指数（CPI）は昨年同期比で2.0％、前月比で0.6％上昇している。
67. 駅では、2分遅延するとそのつど放送による案内があり、切符受取り手順が簡便化され、サービスもよく、構内空調もちゃんと効いているなど、鉄道部門の進歩が見て取れる。
68. 誰が想像できようか。広大なタクラマカン大砂漠の奥深くに、桃源郷のようなところ、ヤトンクスと呼ばれる村があろうとは。
69. 一部の公共サービスのホットラインが「ホット」ではなく、利用する人がいない原因は、やはり、ホットラインの宣伝が適切でなく、市民がそのホットラインの存在をあまり知らないことにある。
70. 毎年4月のロンドンブックフェアはまるで春を告げるサクラソウのように、全世界と欧州の出版業界のために書籍に関する最新の流行やさまざまな市場の動きなどの重要な情報を届けてくれる。
71. 早熟な恋は学校や保護者から極めて大きな害と

みられており、「早熟な恋の厳禁」は、すでに小中高校内の「道徳規範」や「行動基準」にもなっている。
○"洪水猛獣"「洪水や猛獣」を「極めて大きな害」と訳してあります。

72. 中国経済が成長の勢いを持続しさえすれば、企業の借入金返済が滞る可能性は低下するし、企業の資金ニーズも持続するであろう。
73. 老舎の『らくだのシアンツ』は彼女に大きな衝撃を与え、そのことからこの人物のような悲惨な宿命は、新中国が成立していなければ、おそらく変えることが難しかったのではないか、と思うようになった。
74. 現在、全国で超高層ビルは数百に上るが、各地は最も高いビルを競って依然として目に見えぬ戦いを続けているため、この数字は次々とぬり換えられている。
75. 大学生の半数以上は「ボランティア活動」を必須科目に入れることに反対で、一部の学生たちは、強制は全く逆効果をもたらし、学生たちの反発心を招くことになる、と考えている。
76. 第12回全国体育大会のマスコットが遼寧省瀋陽市で発表され、「遼寧と安寧」を意味するゴマフアザラシの「寧寧（ニンニン）」がマスコットに決定した。

Level 5

基礎問題

1. 第二次世界大戦中、アメリカ軍はある保険を売り出した。これは、兵士が毎月10ドル拠出すれば、もし戦場で死亡した場合に家族が1万ドルの保障を得られるというものであった。
2. 近年、農村の人口出生率が低下し、さらに農村の青壮年が出稼ぎに出る際に一部の子供を連れて行くため、農村の就学適齢児童が減少し、多くの農村で小中高校が廃校になっている。
3. 我々が求めているのは中国映画であり、アメリカ式映画ではない。我々が外国スタイルを模倣するところから極力脱却することで、初めて本当の中国映画が誕生する。
○本文の"极力的"は、本来"极力地"であるべきところですが、たまに原文にもこういう間違いがあります。見抜くのも実力です。
4. 総じていえば、ラテンアメリカ地域の情報化プロセスは緩慢でばらつきがあり、その上、情報技術の対外依存度が高く、自国の先端情報技術労働者の深刻な不足という問題に直面している。
5. 王和新は村人たちが風評に乗って野菜を栽培し、たびたび甚大な損失を被っているのを目の当たりにし、どうすればこの悪循環を断ち切り、野菜価格が高騰すれば消費者が困窮し、下落すれば農民が困窮するという難問を解決できるか考えるようになった。
6. ASEANの経済発展水準は、短期的には各国が肩を並べることはありえず、2015年にASEANでは依然として比較的発達した6カ国と発展に取り残された4カ国という2つの陣営が存在することになろう。
7. 多年にわたり、交通・運輸業にはその発展過程でいくつかの矛盾や課題が山積しており、その主なものは、構造が必ずしも合理的ではないこと、粗放的発展方式であること、資源・環境面からの制約がますます大きくなっていることである。
8. 情報によれば、外国人は、スペインにおいて価格が16万ユーロ以上する住宅を購入するだけで、その家族は、スペインで居住し、かつスペイン人と同等の社会福祉上の待遇を享受することができる。
9. 世界の経済発展史を見渡すと、どの科学技術革命も常に新たな経済成長を牽引、リードし、新たな経済成長は常に新たな科学技術革命の巨大な推進力が源になっている。
10. 近年、中国は公平で開放された投資環境を積極的に作り上げ、外国企業がレアアースの環境対策、廃棄物の回収リサイクル・高度利用、機械設備製造産業に投資することを奨励している。
○"鼓励"の目的語が"外商投資A、B1和B2及C"という並列構造になっています。
11. 中国の駐福岡総領事館の情報によれば、1艘の中国漁船が29日夜、日本の鹿児島県附近の排他的経済水域内で違法操業した疑いで、鹿児島海上保安部により拘留された。
12. 張さんの田舎は陝西省の農村にある。中学校を卒業すると親戚に従って上京し、果物を売ったり、食堂のウェイターをしたりしたのち、今はスイーツショップのチェーン店で働き、毎月2000元余りを稼いでいる。
13. 中国プロゴルフ選手権は毎年6回から8回開催され、毎回140人前後の参加規模であるが、外

解答と解説

国選手の参加比率は20％を越え、その中には世界的に有名なプレーヤーも少なくない。

14. 村民のネギの販売難を解決するため、水瀝村は資金を投じ、18000平方メートル余りの鉄骨構造の取引市場を開設した。毎日市場を開いて、評判を聞いてやってくる外部の商人と現地のネギ農家に取引の場を提供している。

15. 目下、若者の一部には行き過ぎた個人主義、享楽主義、拝金主義の傾向が見られるほか、一部には安逸を求めて足が地につかず、苦労して起業するという精神に乏しい者もいる。

16. 1杯のコーヒーはわずか10グラムのコーヒー豆で作られるが、韓国人はこの10グラムのコーヒー豆の背後に潜むビジネスチャンスを捉えて、積極的に地元ブランドを立ち上げ、しかも世界に広めることに成功している、これは称賛に値する。

練習問題

17. 戦争の時代、文芸とは軽騎兵であり、文芸活動家は銃を持たない戦士と言われた。なぜなら文芸は幾千万の労働者や農民を覚醒させ、兵士や人民の闘争心を鼓舞し、果敢に敵を屠ることもできるからである。

18. 現在までに、蘇州市ではすでに軽犯罪を208件処理した。主に民間のトラブルから引き起こされた軽度の傷害事件、交通事故、軽微な窃盗・詐欺事件等の軽犯罪である。

19. 「とてもきれい。中国は本当にモダンね」、これまで中国に来たことがなかった数人のコロンビアの女性たちは中国現代繊維芸術展を鑑賞したとき、感激してこう言い、さらに我先にと芸術品の前で記念写真を撮った。
○"几位"は「何人」という疑問ではなく、「何人か」という疑問詞の不定用法です。"位"は敬意をこめて人を数える量詞です。

20. 第30回ロンドンオリンピック競技会の聖火が10日、ギリシャ南部に位置する古代オリンピア競技場にて公式に採火され、ギリシャ国内における聖火リレーがこのあと順調に開始された。

21. 私は楊善洲の役を演じてから、多くの人に同じことを聞かれました。すなわち「20年前に焦裕禄を演じ、20年後にまた楊善洲を演じた今、一番思うことは何ですか」と。

22. 近年、政府は数回にわたり学校のスポーツ施設を一般に開放するよう呼びかけているが、実施状況は決して満足できるものではなく、一部の学校は最初は前向きでも、その後は継続するのが難しく、最終的には形だけの開放に堕してしまう。

23. ケンブリッジ大学は、数百年にわたりニュートン、ダーウィン等世界一流の科学者を多く育んできており、ほかにも80～90名のノーベル賞受賞者たちが、青春時代に学問に励んだ痕跡をケンブリッジに残している。

24. 2012年5月13日、我々夫婦は中国国際戦略学会上級顧問の潘恵忠将軍夫妻と一緒に車で通州市に行き、すでに90歳近くになる人格高潔で名声の高い馮其庸翁を見舞った。
○ここで2回出てくる"夫婦"の訳し方に注意しましょう。自分たちについて言うときは「夫婦」と訳していますが、敬意をこめて言う場合「夫妻」と訳しています。一般には中国語の"夫妻"は平板な言い方で、日本語とは逆になります。

25. ここは辺鄙な山村の小学校であるが、どの教師にも台所とトイレの付いた40平方メートルほどの部屋が貸与され、都会の教員宿舎と比べてもまったく遜色がない。

26. 日本の福島県の放射能漏れ事故発生後、中国政府の多くの部門が合同で組織した国家民生用原子力施設総合検査チームは、中国の稼働中および建設中の原子力発電所に対して全面的な安全検査を行った。

27. 都市プランナーがひたすら商業的利益を追求したことによって、地価は上がり、住宅価格は高騰し、さらにこの地域のサービス業の家賃や人件費といったコストが上昇し、都市の利便性の低下を招いた。

28. トルコはその歴史に対する誇りと民族としての自尊心が大変強い国家であり、トルコ人は、彼らが数百年間ユーラシアに雄飛したオスマントルコの歴史を片時も忘れたことがなく、かつての輝きを取り戻したいとずっと願っている。

29. 中国男子卓球チームの劉国梁監督は30日、遠征を間近に控えた3名の男子選手の最近の出来映えについてコメントし、一喜一憂というところだが、張継科の現在の状況についてはとくに満足している、と語った。
○"対～进行了点评"は「～に対してコメントをする」。"进行"は"对"の係る範囲がここまでという目印になります。

30. 華西村は、「共に豊かになる」という点ではすでにトップクラスになっていて、村全体の年間工業・農業生産高は1000億元、農家1600戸が高額所得者となり、福利や社会保障も整備されている。
31. 国の食糧安全保障のため、我が国は今後10年間、節水灌漑を強力に発展させ、2020年には灌漑効率を55％以上にまで引き上げ、農業用水総量を10年間増やさないように全力で取り組む。
   ○"保持零増長"は「ゼロ成長を保持する」ですが、より自然な訳にしてあります。
32. 両岸の通貨決済システムの構築は、両岸の民衆および企業の両替コストと為替リスクを軽減することになり、両岸間の投資貿易のさらなる簡便化が促進され、両岸の経済協力はより深まり拡大することになろう。
33. 王三妮の家は14ムーの農地を所有しており、これまでは毎年300～400キロの小麦か、400～500元の農業税を納めていたが、農業税廃止後はもはや税金や小麦を納めなくなったばかりか、政府から200元余りの手当を受領できる。
34. より多くの市民に便利でスピーディーな図書貸出しサービスを提供するために、天津図書館は2006年から、国内ではいち早く2台の図書貸出し移動サービスカーを導入し、どの車も各種の図書3000冊以上を積んでいる。
   ○"让市民享受"「市民に～を享受させる」はいかにも翻訳調なので、「市民に～を提供する」という訳にしてあります。
35. 日本の総務省は、2007年にはすべての中央政府機関に対して公用車を削減するよう求めた。目下、日本の地方自治体の公用車の多くは、実際に車を使う必要性がかなり高い水道・教育・総務等の部門に配置されている。
36. 淮安市漣水県前進鎮陳祝村の13歳の女の子、周婷さんが友達と遊んでいたとき、友だちがうっかり貯水池に滑り落ちた。周婷さんはこれを見て勇敢にもその子を岸に助け上げたが、その後深みにはまり、不幸にも溺死した。

実力問題

37. 胡錦涛は、BRICSの発展は全世界が共に発展する上での重要な構成部分であり、それらの国の協力は、平和・発展・協力といった時代の潮流に沿うものであり、国際関係の民主化の推進に役立つ、と表明した。
   ○"金砖国家"の"砖"は「レンガ」という意味で、BRICSを「レンガ」ととらえた意訳です。
38. 共同通信の報道によると、12日の13時ごろ、1台のミニワゴン車が京都市の交差点で歩行者の群れに突っ込み、男性2名と女性5名、合計7名の通行人がはねられて死亡、11名が負傷し、運転手本人も死亡した。
39. 大学入試で総合科目の試験が終了間近になったとき、湖南省邵陽市洞口県第九高校試験会場の試験時間担当者が誤って試験終了の合図を出したため、4分48秒早く試験終了となり、35の試験場1039名の受験生に影響が及んだ。
40. 呂素芹は潍坊市の昔ながらの刺繍工場で働いているが、儲けが少ないため、毎月の給料はわずか800～900元しかない。今は、姑の面倒、子供の大学進学と大変なことが重なり、一家3人にとって住宅購入など望むべくもない。
   ○"奢望"は「贅沢な望み」。逆から「望むべくもない」と訳してあります。
41. 2009年10月13日、中国は「出版界のオリンピック」と言われるドイツのフランクフルト・ブックフェアに初めて主賓の立場で参加し、中国の200余りの出版社が1万冊余りの書籍を携え展示に参加した。
42. 第14回パラリンピックにおいて、中国体育代表団の障碍者選手はたゆまざる努力と敢闘精神で、金メダル95個、銀メダル71個、銅メダル65個を獲得し、金メダルランクとメダル数ランクで第1位となった。
43. 化学農薬は樹木・果物・野菜に残留しやすく、これらを完全に除去するのは難しい。また河川や湖さらに地下水を汚染する恐れも強く、我々の食の安全にとっても大きな脅威である。
44. 17歳の姚金男は現在の中国女子チームの優秀なオールラウンドプレーヤーであり、平均台・段違い平行棒・個人総合などの種目で高い競争力を持っており、女子チーム団体種目の主力メンバーでもある。
45. 10年から15年という耐用期限から計算すると、中国では毎年500万台のテレビ、400万台の冷蔵庫、600万台の洗濯機が廃棄処分され、500万台のコンピュータや1000万台に上る携帯電話が淘汰される時期に入っていく。
46. 記者がジャムス市から得た情報では、張麗莉の英雄的な行為と感動的な事績をさらに広く伝えるため、ジャムス市教育局はすでに、張麗莉教

諭が担任をつとめた第十九中高等学校の中学3年3組を「麗莉クラス」と命名した。

47. 先週、鶏卵の小売価格は前の週に比べ0.5%下落し、年初に比べ10.1%下落した。この内、北京・天津地区の鶏卵価格は、いずれもキログラム当たり7.5元以下に反落し、年初に比べそれぞれ16%、15.8%下落した。

48. 人民元に換算すると、現在欧州送電網の住民向け小売電気価格がキロワット時当たり1.6～2.0元であるのに対し、太陽光発電の合理的な電気価格はすでにキロワット時当たり0.8～1.2元に下がっており、手ごろな価格で利用できるレベルになっている。

49. 1985年に市制に移行してから二十数年間、遂寧は丘陵地区の経済・社会の新たな発展の道をずっと探し求め、顕著な成果を収めてきたが、依然として従来型の経済成長モデルの限界を完全に脱却してはいない。

50. 9月13日13時ごろ、武漢市東湖景勝区の建築現場で、100メートルまで上昇した工事用昇降機が墜落し、中にいた作業員が昇降機もろとも高所から墜落するという重大な事故が発生した。
〇"安全事故"をそのまま「安全事故」とするのは不自然です。

51. 天津のある機関で働いている方さんは5年前から信託投資と関わるようになり、数年間変わらずに10%位の収益率を維持している。現在、方さんの家ではその資産のほとんどを信託に投資している。

52. キン族は我が国南方で人口が最も少ない少数民族の1つであり、主に海辺での漁業生産に従事している。多くは広西チワン族自治区の東興市域内に分布しており、16世紀初頭より、ベトナムの涂（ト）山などから次々と移住してきた。

53. 高温の熱波がこのところ引き続きインド全土に広がっており、7割以上の地域で摂氏40度を超え、なかでも首都ニューデリーでは5月31日に45.5度を超え、同時期における最高気温を11年ぶりに更新した。

54. 現在、世界各国の情報化は急速に発展し、情報技術の研究開発と応用はあらたな経済成長ポイントを生み出しつつあり、インターネットをはじめとする情報技術は全世界において日増しに広く深い影響をもたらしている。

55. 9月6日、キューバ・ケニア・ジンバブエ等20の発展途上国から来た研修生38名が、山東省潍坊市の野菜どころ、寿光楊荘の農家の野菜用ビニールハウスでトマトの水耕栽培技術を学んでいた。

56. 現地を訪問し問題を探ることを始めた当初、人々が訴えた問題はほとんどが、医療費が高い、教育費が高い、収入が得にくいといった面に集中していた。しかし、今では、生活環境の改善や文化的に豊かな生活といった面に集中している。

あとがき

　2010年に『論説体中国語読解力養成講座』を出版しましたところ、図らずも大方の御好評をいただき、すでに4刷を重ねました。様々なご意見を寄せていただき、心より御礼申し上げます。

　例文に時事関係が多いため、4年も経ちますと、新しい時事用語も続々と出ています。文法的にはもちろん大きな変化はありませんが、新しい内容にも継続して触れていきたい、というニーズもあります。また、さらなる練習問題を、という声も伝わってきました。

　そこで、このたび、東方書店のお計らいで、『論説体中国語読解力養成講座』のベースになっている論説体読解力養成トレーニング「レベル講座」（同書にて詳細に紹介）の直近の出題を毎年まとめてドリルとして出版してはどうか、というお申し出をいただきました。

　現在、「レベル講座」は入門者コース「レベル4システム」と本格コース「レベル30システム」の二本立てで行われています。そこで、このシステムに沿って、初・中級者向けドリルと中・上級者向けドリルを半年ごとに別々に刊行することになり、今回、まず、初・中級者向けドリルを出版させていただきます。是非、『論説体中国語読解力養成講座』と併用してください。

　このシリーズについては、今後、さらに皆さんのご意見をいただき、より使いやすいものにしていこうと思います。よろしくお願いします。

　なお、上記「レベル講座」については、レベル30突破者で組織している而立会ホームページをご覧ください。而立会員はすでに130名ほどになり、様々な翻訳活動、論説体読解力育成活動に取り組んでいます。どんな初心者でもすぐ始められます。どうぞ奮ってご参加ください。

　　而立会［事務局］レベルトレーニングシステム
　　http://www.jiritsukai.org/
　　※レベル4システムは毎月1日から参加でき、10日ごとに答案を提出します。
　　※レベル30システムは週1回提出で、毎年2回（4月～7月、9月～2月）、複数の場所で行われており、通信講座もあります。遠隔地や海外在住でも利用できます。

　本書をご使用になって『レベル』システムによる講座などを受講してみたいと思われた読者には、下記の講座・コースをご紹介いたします。この講座・コースは、而立会および東方書店も協賛・提携しております。
　　1. レベル4（入門者）コース通信添削講座
　　2. レベル30コース通信添削講座
　　3. レベル30コース教室レッスン
　　※これらは、海外放送センター（而立会法人会員）主催の通信・教室講座です。詳しくは、海外放送センター m-yamaguchi@obc-cd.jp（山口）へお問い合わせください。

監修者略歴

三潴　正道（みつま　まさみち）
1948年東京生まれ。東京外国語大学大学院修了。現在、麗澤大学外国語学部教授。（株）海外放送センター顧問。日中翻訳者集団而立会会長。
著書・訳書に『「氷点」停刊の舞台裏』（2006年）、『必読！今、中国が面白い』（2007以降毎年出版）以上日本僑報社、シリーズ『時事中国語の教科書』（毎年出版）朝日出版社、その他、中国語会話・文法書など多数。2001年より、web上で毎週、中国時事コラム『現代中国　放大鏡』を連載執筆中。

論説体中国語　読解練習帳　2014〈初・中級編〉春
新聞・雑誌からインターネットまで

2014年 7月 31日　初版第 1刷発行

監　　修●	三潴正道
執　　筆●	西暢子・古屋順子・三潴正道・吉田祥子
発行者●	山田真史
発行所●	株式会社東方書店
	東京都千代田区神田神保町1-3　〒101-0051
	電話（03）3294-1001　営業電話（03）3937-0300
装幀・レイアウト●	向井裕一
編集協力●	NPO法人而立会
編　　集●	古屋順子（ともえ企画）
印刷・製本●	株式会社平河工業社

※定価は表紙に表示してあります

©2014　三潴正道　　Printed in Japan
ISBN978-4-497-21412-6　C3087
乱丁・落丁本はお取り替え致します。恐れ入りますが直接本社へご郵送ください。
Ⓡ 本書を無断で複写複製（コピー）することは、著作権法上での例外を除き、禁じられています。本書をコピーされる場合は、事前に日本複製権センター（JRRC）の許諾を受けてください。
JRRC〈http://www.jrrc.or.jp　Eメール：info@jrrc.or.jp　電話：03-3401-2382〉
小社ホームページ〈中国・本の情報館〉で小社出版物のご案内をしております。
http://www.toho-shoten.co.jp/